講談社 火の鳥 伝記文庫

頭《ず》脳《のう》で大《だい》冒《ぼう》険《けん》 アインシュタイン

岡《おか》田《だ》好《よし》恵《え》 文
佐《さ》竹《たけ》美《み》保《ほ》 絵

JN224000

はじめに

「光《ひかり》と同《おな》じ速《はや》さで走《はし》ったら、
どんなものが見《み》えるのかな？」
満天《まんてん》の星《ほし》を見《み》ながら、想像《そうぞう》をめぐらせていた少年《しょうねん》は、
大人《おとな》になり、科学《かがく》の常識《じょうしき》をひっくりかえす、
大理論《だいりろん》を発表《はっぴょう》しました。
その人《ひと》の名《な》は、アルバート・アインシュタイン。
かれの「相対性理論《そうたいせいりろん》」では、
時間《じかん》や空間《くうかん》がのびたり、ちぢんだり、
光《ひかり》が曲《ま》がったりするのです。
その後《ご》、相対性理論《そうたいせいりろん》は、物理学《ぶつりがく》の基本《きほん》となり
宇宙《うちゅう》のなぞを解明《かいめい》していきました。

戦争《せんそう》の時代《じだい》にドイツに生《う》まれた
ユダヤ人《じん》のアインシュタインは、
ナチス・ドイツに迫害《はくがい》され、
アメリカに亡命《ぼうめい》するなど波乱《はらん》の人生《じんせい》を送《おく》りました。
かれがアメリカ大統領《だいとうりょう》にあてた1通《つう》の手紙《てがみ》は
原子爆弾《げんしばくだん》を生《う》みだし、広島《ひろしま》と長崎《ながさき》で
人類史上最悪《じんるいしじょうさいあく》の被害《ひがい》を出《だ》したのです。
それでも、アインシュタインは
絶望《ぜつぼう》の中《なか》からふたたび立《た》ちあがり、
平和《へいわ》をちかい、未来《みらい》のために研究《けんきゅう》をつづけました。
さて、学校《がっこう》もきらい、友《とも》だちもいない
そんな変《か》わり者《もの》だった少年時代《しょうねんじだい》から
この物語《ものがたり》は始《はじ》まります。

もくじ

はじめに　2

1 おとなしい男《おとこ》の子《こ》

『なぜなぜぼうや』の誕生《たんじょう》　7
学校《がっこう》なんか、大《だい》きらい　16
先生《せんせい》！　ぼくは病気《びょうき》です　26
もう1年《ねん》、がんばりなさい　31

2 青春《せいしゅん》のスイス

大学《だいがく》という楽園《らくえん》　41
特許局《とっきょきょく》の片《かた》すみで　50
『特殊相対性理論《とくしゅそうたいせいりろん》』を発表《はっぴょう》　59
エネルギー（力《ちから》）＝《イコール》質量《しつりょう》（重《おも》さ）だ！　68
気《き》さくな青年助教授《せいねんじょきょうじゅ》　74

3 科学《かがく》の巨人《きょじん》、世界《せかい》をめぐる

スイスからオーストリア、そしてドイツへ　80
『特殊《とくしゅ》』から『一般《いっぱん》』へ　88
たしかめられた『相対性理論《そうたいせいりろん》』　96

スーパー・スター教授《きょうじゅ》の誕生《たんじょう》 103
アメリカからイギリス、フランスへ 111
日本《にっぽん》へまねかれる 117
ノーベル賞《しょう》を受賞《じゅしょう》 122

4 しのびよる影《かげ》

まぼろしの贈《おく》り物《もの》 127
ナチスに追《お》われて 133
さらば故郷《こきょう》よ 139

5 老《ろう》巨《きょ》人《じん》の死《し》

プリンストンの名物教授《めいぶつきょうじゅ》 143
わたしは、ちかいます 149
原爆《げんばく》の悲劇《ひげき》 154
別《わか》れのコンサート 162

アインシュタインの年表《ねんぴょう》 170

解説《かいせつ》
老巨人《ろうきょじん》のゆいごん
岡田好恵《おかだよしえ》 174

アインシュタインをめぐる歴史人物伝《れきしじんぶつでん》 182

アインシュタインと
平和《へいわ》を目指《めざ》した者《もの》たち 186

I おとなしい男《おとこ》の子《こ》

『なぜなぜぼうや』の誕生《たんじょう》

「おめでとう、奥《おく》さん。元気《げんき》な男《おとこ》の子《こ》ですよ。」

１８７９（明治《めいじ》12）年《ねん》3月《がつ》14日《か》。

南《みなみ》ドイツにある、ウルムという町《まち》の工場主《こうじょうぬし》、ヘルマン・アインシュタインの家《いえ》に、はじめての子《こ》どもが生《う》まれました。ウルムは青《あお》い流《なが》れのドナウ川《がわ》の上流《じょうりゅう》、シュワーベン地方《ちほう》の古《ふる》い町《まち》。豊《ゆた》かな穀物《こくもつ》と由緒《ゆいしょ》ある大教会《だいきょうかい》の建物《たてもの》が、人《ひと》びとのほこりです。

「うれしいねえ。これでついに、わが家《や》にも、あとつぎができたぞ。」

「早《はや》く大《おお》きくなるのよ。わたしのピアノに合《あ》わせて、バイオリンをひいてちょうだいね。」

両親《りょうしん》は大喜《おおよろこ》びで、この子《こ》に「アルバート」という名前《なまえ》をつけました。

「『アルバート・アインシュタイン』だ。どうだい、ぼうや、気《き》に入《い》ったかな？」

ところが、ある日《ひ》のこと。

「ねえ、あなた、いったい、これは、どういうことかしら……。」

お母《かあ》さんのパウリーネがつぶやきました。

このアルバートぼうや、１歳《さい》をすぎても、口《くち》をきかないのです。

「どこか、悪《わる》いところがあるのかしら？　お医者《いしゃ》さまに相談《そうだん》しようかしら。」

生真面目《きまじめ》なお母《かあ》さんは、心配《しんぱい》でたまりません。のんびりやのお父《とう》さんも、

「だいじょうぶだよ。そのうち、きっと、しゃべりたくなるさ。」

と言《い》いながら、不安《ふあん》はかくせませんでした。

やがて、一家《いっか》は、南《みなみ》ドイツの大《おお》きな都《みやこ》ミュンヘンへうつりました。

妹《いもうと》のマヤが生《う》まれ、しばらくすると、アルバートぼうやは、やっと口《くち》をききはじめたのです。

2歳《さい》の誕生日《たんじょうび》は、とっくにすぎていました。

「やあ、よかった、よかった。」

みんなは、ほっと胸《むね》をなでおろし、

「ひょっとして、この子《こ》は大天才《だいてんさい》かもしれないぞ。口《くち》をきくのがおそい子《こ》ほど頭《あたま》がいい、と言《い》う人《ひと》もいるからね。」

お父《とう》さんが、おどけて言《い》いました。

この予言《よげん》がほんとうになるとは、だれも、思《おも》ってはいなかったでしょう。

〈科学《かがく》の巨人《きょじん》〉アルバート・アインシュタインはこうして、のんびりと人生《じんせい》を始《はじ》めました。

では、ここで、アルバートの家族《かぞく》について紹介《しょうかい》しましょう。

アルバートの父《ちち》ヘルマンは、ウルムからうつりすんだミュンヘンで、弟《おとうと》のヤコブ（ヤコブおじさん）と共同《きょうどう》で、小《ちい》さな電力《でんりょく》とガスの供給会社《きょうきゅうがいしゃ》をいとなんでいました。

ヘルマンは、けっして商売《しょうばい》じょうずではありませんでしたが、家族思《かぞくおも》いの、おだやかで、やさしい人《ひと》でした。

母《はは》パウリーネは、しっかり者《もの》の主婦《しゅふ》で、ピアノが得意《とくい》。夕食後《ゆうしょくご》には、会社《かいしゃ》の人《ひと》たちを集《あつ》めて、ささやかな音楽会《おんがくかい》をするのを、大《おお》きな楽《たの》しみにしていました。

技術者《ぎじゅつしゃ》のヤコブおじさんも、この音楽会《おんがくかい》の重要《じゅうよう》なメンバーです。

子《こ》どもふたりも、もちろん参加《さんか》。

小《ちい》さなアルバートとマヤが、ピアノに合《あ》わせて声《こえ》をはりあげると、いならぶ人《ひと》びとから、どっと拍手《はくしゅ》が、わきおこります。

大人《おとな》たちの、温《あたた》かい目《め》に見守《みまも》られながら、アルバートは、すくすくと成長《せいちょう》していきました。

ところが、5歳《さい》のある日《ひ》。

「ねえ、あなた。この子《こ》は、やっぱりへんよ。」

お母《かあ》さんがまた、心配《しんぱい》そうな顔《かお》で、お父《とう》さんにうったえたのです。

「ほかの男《おとこ》の子《こ》と、ちっとも遊《あそ》びたがらないの。」

そのころのドイツは、ビスマルクという首相《しゅしょう》の指導《しどう》のもとで、戦争《せんそう》に強《つよ》い国《くに》になろうと、やっきになっていました。ビスマルクは、鉄血宰相《てっけつさいしょう》（鉄《てつ》と血《ち》の首相《しゅしょう》）ともいわれ、軍事《ぐんじ》に熱心《ねっしん》なのです。

ピッピドンドン、ピッピドンドン。

鼓笛隊《こてきたい》を先頭《せんとう》に、軍隊《ぐんたい》がパレードを始《はじ》めると、子《こ》どもたちはきそって、見物《けんぶつ》にかけつけます。男《おとこ》の子《こ》たちは、そのあとからすぐ、戦争《せんそう》ごっこを始《はじ》めるのです。

ところが、アルバートは、近所《きんじょ》の子《こ》に、いくらさそわれても、

「ぼく、兵隊《へいたい》なんか大《だい》きらいだもん。」

と、けっして仲間《なかま》に入《はい》りません。

妹《いもうと》のマヤと、そのころ近《ちか》くに住《す》んでいた、三つ年上《としうえ》で、いとこのエルザをさそうと、3人《にん》だけでのんびり遊《あそ》んでいます。

そうでないときには、ひとりで窓《まど》の外《そと》を見《み》て、ぼんやりしていました。

「なにを、考《かんが》えこんでいるんだい？」

大人《おとな》たちがきいても、

「……うーん……。」

と、うつむくだけ。

まだ小学校《しょうがっこう》にも上《あ》がっていないアルバートには、口《くち》に出《だ》して説明《せつめい》することはできません。でも、小《ちい》さな頭《あたま》の中《なか》は、疑問《ぎもん》だらけだったのです。

やがて、疑問《ぎもん》は、はっきりと口《くち》をついて出《で》てくるようになりました。

「ねえ、お父《とう》さん。どうして、一日《にち》には、昼《ひる》と夜《よる》があるの？ ヤコブおじさん、光《ひかり》はどこから来《く》るの？ お母《かあ》さん、ネコは、なんで、静《しず》かに歩《ある》けるの？」

「おやまあ。この子《こ》は『なぜなぜぼうや』だね。」

大人《おとな》たちは苦笑《くしょう》しながらも、小《ちい》さなアルバートの質問《しつもん》に、懸命《けんめい》に答《こた》えようとしました。けれどもアルバートは、いつだって、あっ、とおどろくようなことをきいてくるのです。

両親《りょうしん》には答《こた》えきれないような難問《なんもん》も、たくさんありました。

たとえば、ある日《ひ》、お父《とう》さんが、方位磁石《ほういじしゃく》［1］を買《か》ってくれたときのことです。

「お父《とう》さん、この針《はり》、どうして同《おな》じところばかり指《さ》すの？」

さっそく、『なぜなぜぼうや』の質問《しつもん》が始《はじ》まりました。なるほど、磁石《じしゃく》の針《はり》は、外《そと》側《がわ》の箱《はこ》を回《まわ》すと、おつきあいのように、ぷるぷるとゆれますが、最後《さいご》には、かならず同《おな》じ方向《ほうこう》を指《さ》して、ぴたりと止《と》まります。

「ねえ、どうして？」

「それは、おまえ……地球《ちきゅう》には、目《め》に見《み》えない『磁気《じき》』というものがあって、磁石《じしゃく》の針《はり》を同《おな》じ方向《ほうこう》に、引《ひ》っぱるからだよ。」

「同《おな》じ方向《ほうこう》って？」

「北《きた》だ。」

「じゃあ、北《きた》を決《き》めたのはだれ？『磁気《じき》』って、なに？」


［1］磁石《じしゃく》の針《はり》が南北《なんぼく》をしめすことを利用《りよう》した、方角《ほうがく》を知《し》るための道具《どうぐ》。

NO
SE
W
SO
320
300
100
120
140
160
200
220
240
260

「うーん……。」

こうなると、ヤコブおじさんの出番《でばん》です。

「それはな、ぼうず。よく聞《き》くんだぞ……。」

優秀《ゆうしゅう》な技術者《ぎじゅつしゃ》で、数学《すうがく》や天文学《てんもんがく》にも強《つよ》いヤコブおじさんは、アルバートの質問《しつもん》に、いつでも、できるだけやさしく、わかりやすい言葉《ことば》で、答《こた》えてくれるのでした。それでもわからないときには、手持《ても》ちの本《ほん》や辞書《じしょ》をていねいに調《しら》べてくれます。

こうして1885年《ねん》の春《はる》、アルバート少年《しょうねん》は、6歳《さい》になりました。

「さて、この子《こ》も、秋《あき》には小学校《しょうがっこう》へ上《あ》がる。『なぜなぜぼうや』の質問《しつもん》も、今度《こんど》は先生方《せいがた》が解決《かいけつ》してくださるだろうよ。」

大人《おとな》たちは、少《すこ》しほっとしたようすで、言《い》いあったものでした。

学校《がっこう》なんか、大《だい》きらい

ところが、ミュンヘンの小学校《しょうがっこう》に入学《にゅうがく》したその日《ひ》から、アルバートは大《だい》の学校《がっこう》ぎらいになってしまいました。

「あんなに楽《たの》しみにしていたのに、なぜ？」

大人《おとな》たちが、どんなに問《と》いつめても、なかなか答《こた》えようとはしません。

（ひょっとして……。）

お母《かあ》さんは、ひそかに心配《しんぱい》しました。

アインシュタイン家《け》は、ユダヤ人《じん》の家庭《かてい》です。同《おな》じドイツ国民《こくみん》であることにはかわりないのですが、ユダヤには独自《どくじ》の宗教《しゅうきょう》がありました。普通《ふつう》なら子《こ》どもはユダヤ人学《じんがっ》校《こう》へ入《い》れて、ユダヤの宗教《しゅうきょう》を学《まな》ばせたいところです。

ところが家《いえ》の近所《きんじょ》に、ユダヤ人学校《じんがっこう》がありません。それに、もともと、当時《とうじ》のミュンヘンでは、ユダヤ人《じん》もドイツ人《じん》も、ほとんど変《か》わらない習慣《しゅうかん》で生活《せいかつ》していたのです。

そんなこともあって、アルバートの両親《りょうしん》は、息子《むすこ》を、ごく軽《かる》い気持《きも》ちでキリスト教《きょう》の一派《いっぱ》、カトリック系《けい》の小学校《しょうがっこう》へ入学《にゅうがく》させたのですが、

「神《かみ》さまがちがうと言《い》って、いじめられたの？」

お母《かあ》さんが、思《おも》いきってたずねると、

「そんなこと、なかったよ。」

アルバートは、大《おお》きく首《くび》を横《よこ》にふると、こうつづけたのです。

「でもね、お母《かあ》さん、小学校《しょうがっこう》って、まるで軍隊《ぐんたい》みたいなんだ。だからぼく、いやなんだよ。」

なるほど、そのころのドイツの小学校《しょうがっこう》は、規則第一《きそくだいいち》で、暗《くら》く重苦《おもくる》しい雰囲気《ふんいき》にみちあふれていました。

授業《じゅぎょう》も、暗記《あんき》ばかり。自分《じぶん》で考《かんが》えることは、いっさいゆるされません。先生《せんせい》にさか

らうことはもちろん、質問《しつもん》することさえ禁《きん》じられていたのです。おさないアルバートが「軍隊《ぐんたい》そっくり。」と言《い》うのも、もっともでした。

おまけに、無口《むくち》で体育《たいいく》が苦手《にがて》なアルバートには、なかなか友《とも》だちもできません。1か月《げつ》もしないうちに、学校《がっこう》がすっかりいやになってしまいました。

とはいえ、勉強《べんきょう》まできらいになったわけではありませんでした。

下校《げこう》してくると、ヤコブおじさんに助《たす》けてもらいながら、辞書《じしょ》をひき、本《ほん》を読《よ》み、自分《じぶん》のすきな勉強《べんきょう》を深《ふか》めていきました。

数学《すうがく》に興味《きょうみ》をもったのも、そのころのことです。

ある日《ひ》、アルバートはヤコブおじさんにたずねました。

「ねえ、おじさん、『代数《だいすう》』ってなんのこと?」

おじさんは、待《ま》っていましたとばかりに、説明《せつめい》を始《はじ》めました。

「『代数《だいすう》』とは、わからない数《かず》をさがしだす数学《すうがく》だよ。まず、わからない数《かず》を、文字《もじ》の『X《エックス》』とよぶ。そして、問題《もんだい》で言《い》われたとおりに、計算式《けいさんしき》をつくっていくと、最《さい》後《ご》に、『X《エックス》』がどんな数《かず》かが、ちゃんとわかるんだ。」

「なんだか、おもしろそうだね。」

「おう、頭《あたま》の体操《たいそう》みたいなものだからな。」

こうして、アルバートは、小学生《しょうがくせい》ではとても理解《りかい》できないような数学《すうがく》を、どんどん、自力《じりき》で学《まな》んでいったのです。

勉強《べんきょう》にあきると、今度《こんど》はバイオリンをとりあげ、小《ちい》さな手《て》で器用《きよう》に、モーツァルトやベートーベンの曲《きょく》をかなでます。

そういえば、バイオリンも、ほとんど独習《どくしゅう》でした。

6歳《さい》になったとき、両親《りょうしん》につれていかれたバイオリンの先生《せんせい》は、小学校《しょうがっこう》の先生《せんせい》と同《おな》じように、かたくるしくて、いばりくさっていました。

はじめのうち、アルバートは、レッスンがいやでたまりませんでした。けれども、家《いえ》に帰《かえ》って、自分《じぶん》でくふうしながら練習《れんしゅう》をつづけているうちに、ある日《ひ》とつぜん、モーツァルトのソナタがひけるようになったのです。

それからは、しめたもの。すっかりバイオリンのとりこになったアルバートは、一生《いっしょう》、この優雅《ゆうが》で複雑《ふくざつ》な楽器《がっき》と、親友《しんゆう》のようにつきあいました。

父《ちち》のヘルマンからは文学《ぶんがく》、母《はは》のパウリーネからは音楽《おんがく》、そしてヤコブおじさんからは科学《かがく》……。この3つの世界《せかい》は、アインシュタインの一生《いっしょう》の大《おお》きな柱《はしら》となりました。

こうして、1888年《ねん》。9歳《さい》になったアルバートは、ミュンヘンの小学校《しょうがっこう》を卒業《そつぎょう》し、同《おな》じ市《し》にあるルイトポルト・ギムナジウムに入学《にゅうがく》します。ドイツのギムナジウムとは、日本《にっぽん》でいう中学校《ちゅうがっこう》と高校《こうこう》をいっしょにしたような学校《がっこう》で、ルイトポルト校《こう》は、名門中《めいもんちゅう》の名門《めいもん》でした。

「うれしいわ。この子《こ》の将来《しょうらい》も、約束《やくそく》されたようなものよ。親戚《しんせき》の人《ひと》たちにも、鼻《はな》高々《たかだか》ですわ。」

お母《かあ》さんは、息子《むすこ》の入学《にゅうがく》を、自分《じぶん》のことのようによろこびました。

けれども、世《よ》の中《なか》、そんなに、うまくいくものではありません。

アルバートは、ここでもまた、入学《にゅうがく》と同時《どうじ》に、学校《がっこう》が大《だい》きらいになってしまったの

です。

ギムナジウムは、小学校《しょうがっこう》にもまして、軍隊《ぐんたい》のような場所《ばしょ》でした。先生《せんせい》たちは、えらそうに、いばるばかり。授業《じゅぎょう》といえば、ギリシャ語《ご》やラテン語《ご》（古代《こだい》ローマ帝国《ていこく》の共通語《きょうつうご》）の暗記《あんき》が主《おも》なのです。

それでも、アルバートには、授業《じゅぎょう》のたびに、質問《しつもん》したいことが、山《やま》ほど出《で》てきました。

ところが、先生《せんせい》は質問《しつもん》に答《こた》えてくれません。いや、答《こた》えられないのです。アルバートの質問《しつもん》があまりにも意外《いがい》か、または難問《なんもん》すぎたからです。

しかたなく、かれは、なにごとも自分《じぶん》で調《しら》べるようにしました。

そして、同級生《どうきゅうせい》など問題《もんだい》にならないほどの知識《ちしき》を、身《み》につけていったのです。

でも、学校《がっこう》での評判《ひょうばん》は、けっしてよくありませんでした。

「アルバート・アインシュタインは、頭《あたま》はいいが、生意気《なまいき》だ。」

先生《せんせい》たちは、そう言《い》って、かれをきらいました。

「変《か》わり者《もの》」というレッテルをはられ、友《とも》だちもできません。

アルバートは、ますます無口《むくち》で、孤独《こどく》になっていきました。

そんなある日《ひ》、かれは、すばらしい科学《かがく》の本《ほん》に出会《であ》ったのです。

それは、ベルンシュタインという人《ひと》があらわした『通俗科学大系《つうぞくかがくたいけい》』という21冊《さつ》の全《ぜん》集《しゅう》で、地球《ちきゅう》の成《な》り立《た》ちから始《はじ》まり、天体《てんたい》の動《うご》きや、時間《じかん》や空間《くうかん》のことが、たいへんわかりやすく解説《かいせつ》されていました。昔《むかし》、お父《とう》さんを質問《しつもん》ぜめにしてこまらせた「磁気《じき》」の説明《せつめい》も出《で》てきます。

この全集《ぜんしゅう》にはまた、偉大《いだい》な科学者《かがくしゃ》たちの話《はなし》も、書《か》かれていました。

なかでも、アルバートの関心《かんしん》を強《つよ》く引《ひ》いたのが、ガリレオ・ガリレイ〔2〕とアイ

〔2〕1564〜1642年《ねん》。イタリアの物理学者《ぶつりがくしゃ》、天文学者《てんもんがくしゃ》。「慣性《かんせい》の法則《ほうそく》」「落体《らくたい》の法《ほう》則《そく》」などを発見《はっけん》。当時《とうじ》は異端《いたん》だったコペルニクスの地動説《ちどうせつ》を支持《しじ》し、宗教裁判《しゅうきょうさいばん》にかけられる。幽閉《ゆうへい》され失明《しつめい》しながらも大著《たいちょ》『新科学対話《しんかがくたいわ》』を執筆《しっぴつ》した。近代科学《きんだいかがく》の祖《そ》のひとり。

ザック・ニュートンでした。

「ねえ、おじさん。ガリレイって知《し》ってる？　地球《ちきゅう》の自転《じてん》を発見《はっけん》した人《ひと》だよ。」

アルバートは、ヤコブおじさんをつかまえると、さっそく、熱心《ねっしん》に話《はな》しだしました。

「ガリレイは、こう言《い》ったんだ。『宇宙《うちゅう》は、全体《ぜんたい》が回《まわ》っている。だから、われわれは、止《と》まっていると思《おも》っているときも、動《うご》いているのだ。』って。それ、ほんと？」

ヤコブおじさんは、うなずきました。

「ああ、そのとおりだよ。なにしろ、わしらは地球《ちきゅう》という超高速《ちょうこうそく》の乗《の》り物《もの》に乗《の》っかって、太陽《たいよう》のまわりを回《まわ》っているようなもんだからなあ。」

「いまから３００年《ねん》もまえに生《う》まれた人《ひと》が、そんなことを知《し》ってたなんて、すごいね。」

翌日《よくじつ》は、ニュートンです。

「ねえ、おじさん、ニュートンのことは知《し》ってるよね。」

「もちろんさ。ニュートンはたしか、ガリレイの亡《な》くなった年《とし》のクリスマスに生《う》まれて、『万有引力の法則《ばんゆういんりょくのほうそく》』を発見《はっけん》したんだな。」

『万有引力の法則《ばんゆういんりょくのほうそく》』とはつまり、この自然界《しぜんかい》のものはみんな、おたがいに引《ひ》っぱりあっている。重《おも》いものほど、引《ひ》っぱる力《ちから》(引力《いんりょく》)は強《つよ》いということです。

「だから、地球《ちきゅう》は重《おも》い太陽《たいよう》に引《ひ》っぱられ、そのまわりを回《まわ》っているのさ。」

アルバートは、おじさんの説明《せつめい》にうなずくと、つづけました。

「ニュートンはね、ほかにもたくさん、自然《しぜん》の法則《ほうそく》を見《み》つけているんだ。たとえば、自然界《しぜんかい》のものは、ほかから力《ちから》がくわえられなければ、いつまでも、そのままでいる。つまり、止《と》まっているものは、いつまでも止《と》まっているし、動《うご》いているものは、そのまま動《うご》きつづけるんだって。これも、ほんとう?」

「ああ、そのとおりだよ。ニュートンは、自然《しぜん》をじっくり観察《かんさつ》しているうちに、つぎつぎとすばらしい発見《はっけん》をしていったんだ。」

「すごいなあ。」

このとき、アルバートの心《こころ》にはじめて、科学《かがく》へのあこがれが、めばえました。

「ニュートンのような科学者《かがくしゃ》になりたいな。」

アルバートは、心《こころ》にひそかに思《おも》いました。

とはいえ、問題《もんだい》は、学校《がっこう》での成績《せいせき》です。

理科《りか》や数学《すうがく》はもちろん、とびぬけて、よくできました。ところが古典《こてん》のように暗記《あんき》ばかりの科目《かもく》は、落第点《らくだいてん》すれすれ。

こんなことで、将来《しょうらい》、いい大学《だいがく》へ入《はい》れるだろうか？

さすがのマイペース少年《しょうねん》も、ふと不安《ふあん》を感《かん》じたころ、家庭《かてい》では、とんでもないことが起《お》こっていたのです。

先生《せんせい》！　ぼくは病気《びょうき》です

「じつはなあ、アルバート……。」

15歳《さい》になりたての春《はる》の日《ひ》。アルバート少年《しょうねん》は、お父《とう》さんによばれました。

「会社《かいしゃ》がつぶれた。」

つまり、ヤコブおじさんと経営《けいえい》していた、電力《でんりょく》とガスの会社《かいしゃ》が倒産《とうさん》したのです。

目《め》をぱちくりさせているアルバートに、お父《とう》さんは、こう告《つ》げました。

「イタリアのミラノで、やり直《なお》しだ。来月《らいげつ》になったら、引《ひ》っこすからな。」

イタリアは、ドイツと同《おな》じヨーロッパの国《くに》で、親戚《しんせき》も住《す》んでいます。

けれども、アルバートにとっては、遠《とお》い外国《がいこく》であることにかわりありません。おまけに、あと3年通《ねんかよ》わないと、ギムナジウムは卒業《そつぎょう》できないのです。

ぼくは、いったい、どうすればいいんだろう？

アルバートが、うつむいて考《かんが》えていると、

「でもね、おまえは心配《しんぱい》しなくていいのよ。」

お母《かあ》さんが、安心《あんしん》させるように、言《い》いそえました。

「おまえは、ひとりでこの町《まち》にのこって、卒業《そつぎょう》まで、がんばりなさい。ギムナジウムを出《で》ていなければ、あとでどうにもならないからね。」

そうです。ギムナジウムを卒業《そつぎょう》しないと、大学《だいがく》に入学《にゅうがく》する資格《しかく》がもらえないのです。

アルバートは、ぞっとしました。

おいてけぼりか！　ぼくだけひとり、のこされるのか。

楽《たの》しかったいままでのくらしを思《おも》うと、しぜんに、なみだが出《で》てきました。

そして、次《つぎ》の週《しゅう》、

「おい、元気《げんき》でがんばれよ。あと3年《ねん》のしんぼうじゃないか。」

お父《とう》さんは、アルバートの肩《かた》を、ぽんとたたくと、家族《かぞく》を引《ひ》きつれて、さっさとイタリアのミラノへ発《た》ってしまいました。

ひとりのこされたアルバートは、さっそく町《まち》の下宿屋《げしゅくや》にうつり、そこから学校《がっこう》へ通《かよ》うようになりました。

けれども、一家《いっか》だんらんになれた心《こころ》に、ひとりぽっちの夜《よる》は、つらくてたまりません。

こうなると、つまらない学校《がっこう》が、ますますつまらなく思《おも》えてきました。半年《はんとし》もしないうちに、アルバートは、さびしいひとりぐらしに、すっかりまいってしまいました。

「学校《がっこう》なんか、やめちまえ。あとは、どうにでもなるさ。」

下宿《げしゅく》を引《ひ》きあげ、家族《かぞく》を追《お》って、イタリアへ発《た》つ決心《けっしん》をかためました。

「しかし、待《ま》てよ……。」

アルバートは、すばやく頭《あたま》を回転《かいてん》させました。

退学《たいがく》はまずい。いままでの苦労《くろう》が水《みず》のあわになる。ともかく休学《きゅうがく》ということにしてもらおう。でも、そんなこと、できるかな？

かれは、まず、親《した》しいお医者《いしゃ》さまのドアをたたきました。

「ドクター。じつは、ぼく、休学《きゅうがく》したいんです。」

「ほう。で、どこの調子《ちょうし》が悪《わる》いんだい？」

お医者《いしゃ》さまは、首《くび》をかしげました。

「ええと、つまり……。」

「ははあ！　なるほど、心《こころ》の病《やまい》だな。いまの流行《はやり》だ。」

「ええ。それです、それ！」

お医者《いしゃ》さまは、気前《きまえ》よく、診断書《しんだんしょ》を書《か》いてくれました。

アルバートは、それを片手《かたて》に、ギムナジウムの校長室《こうちょうしつ》にかけこみました。

「先生《せんせい》！　ぼくは病気《びょうき》です。しばらく休学《きゅうがく》させてください。」

おどろいたことに、校長先生《こうちょうせんせい》は、二《ふた》つ返事《へんじ》で、アルバートの休学《きゅうがく》をゆるしてくれました。

おまけに、ギムナジウムの仮卒業証明書《かりそつぎょうしょうめいしょ》まで、出《だ》してくれたのです。しかも数学《すうがく》の先生《せんせい》からの、

「数学《すうがく》の成績《せいせき》は、たいへんすばらしい。」

という、一言《ひとこと》までそえて。

それにしても、校長先生《こうちょうせんせい》が、こんなに親切《しんせつ》にしてくれたのは、どうしてでしょう？　変《か》わり者《もの》のアルバート少年《しょうねん》を、早《はや》くやっかいばらいしたかったからだ、という説《せつ》もあります。でも、ほんとうのところはわかりません。

事実《じじつ》はただ、この少年《しょうねん》が、以後《いご》ヨーロッパのどこの国《くに》でも大学受験《だいがくじゅけん》ができるようになった、というだけです。

15歳《さい》のアルバート・アインシュタインは翌日《よくじつ》、とぶように、ミラノの両親《りょうしん》のもとへ向《む》かいました。

もう1年《ねん》、がんばりなさい

「まあ、おまえ！　いったいどうしたの？」

とつぜん帰《かえ》ってきた息子《むすこ》を見《み》て、お母《かあ》さんは、びっくりぎょうてんしました。

「まさか、学校《がっこう》をやめてきたんじゃないでしょうね。」

「当《あ》たり！」

「まあ！　なんてことを！　わたしたちが、どれだけむりをして、おまえをあそこに、のこしたと思《おも》っているの。いったい、なにがあったの？」

お母《かあ》さんは、きびしく追及《ついきゅう》します。ところが、

「いいじゃないか。ともかく帰《かえ》ってきたんだ。家族《かぞく》がまた、いっしょになれたんだよ。」

楽天家《らくてんか》のお父《とう》さんが、助《たす》け船《ぶね》を出《だ》してくれました。

仮《かり》の卒業証明書《そつぎょうしょうめいしょ》をもらったことを話《はな》すと、心配性《しんぱいしょう》のお母《かあ》さんも、やっと納得《なっとく》してくれました。

その夜《よる》、ミラノのアインシュタイン家《け》では、ひさしぶりの家族音楽会《かぞくおんがくかい》が開《ひら》かれました。

「おにいさん、あの曲《きょく》をひいて。」

さっそく、妹《いもうと》のマヤがねだります。

両親《りょうしん》、ヤコブおじさん、そして、やさしい妹《いもうと》。愛《あい》する家族《かぞく》に囲《かこ》まれてひくバイオリンの音色《ねいろ》は、なんとも幸《しあわ》せにひびきました。

アルバートは、翌朝《よくあさ》さっそく、ミラノの町《まち》を探検《たんけん》に出《で》ました。古《ふる》い教会《きょうかい》、大《おお》きな美術館《びじゅつかん》、そして遺跡《いせき》。ミラノは、まさしく芸術家《げいじゅつか》の町《まち》でした。

美《うつく》しいアルプスは見《み》わたせるが、気候《きこう》の変化《へんか》がはげしく、町中《まちじゅう》がビール好《ず》きで、軍人《じん》だらけのあのミュンヘンとは、なんといううちがいでしょう。アルバートは軍人《ぐんじん》もきらいでしたが、さわがしい町《まち》が好《この》みではなかったのです。

美《うつく》しい町《まち》を、のんびりと散歩《さんぽ》しながら、アルバートは、ふたたび、自分《じぶん》の将来《しょうらい》について、思《おも》いをめぐらせました。

「科学《かがく》を勉強《べんきょう》しよう。いや、やっぱり、数学者《すうがくしゃ》になろうかな。」

食《た》べて、ねて、散歩《さんぽ》して、のんびりすごしているうち、あっというまに半年《はんとし》がたってしまいました。

「そろそろ、希望《きぼう》をしぼりこまなくちゃ。」

さすがのアルバートも、少《すこ》しあせりだしたある日《ひ》、

「じつはなあ、今度《こんど》の会社《かいしゃ》も、つぶれてしまった。」

お父《とう》さんが家族《かぞく》を集《あつ》めると、暗《くら》い声《こえ》で3度目《どめ》の倒産《とうさん》を告《つ》げたのです。

「でもね、アルバート。おまえには、なんとしてでも大学《だいがく》に行《い》ってもらいたいの。だから、ドイツにいる親戚《しんせき》にたのんで、学費《がくひ》を出《だ》してもらえるようにしました。できるだけ有名《ゆうめい》な大学《だいがく》に進《すす》んで、早《はや》く、お父《とう》さんを助《たす》けてちょうだい。」

お母《かあ》さんが、きびしい顔《かお》で言《い》いました。

アルバートは、深《ふか》くうなずきました。

そして次《つぎ》の週《しゅう》、スイスのチューリヒに向《む》かう列車《れっしゃ》に乗《の》りこんだのです。

チューリヒ工科大学《こうかだいがく》は、ヨーロッパでも一流《いちりゅう》の名門校《めいもんこう》です。

ここで電気工学《でんきこうがく》を学《まな》べば、のちのち、お父《とう》さんの仕事《しごと》を、技術者《ぎじゅつしゃ》として助《たす》けることもできるはずです。

「入試《にゅうし》なんて、かんたんさ。ぼくに解《と》けない問題《もんだい》なんか、あるもんか。」

自信家《じしんか》のアルバートは、ゆうゆうと入学試験《にゅうがくしけん》にのぞみました。ところが……。

「え？　なんですって、不合格《ふごうかく》？」

入試《にゅうし》は、みごとに失敗《しっぱい》だったのです。

「そりゃそうさ。きみの語学《ごがく》の成績《せいせき》を見《み》てごらん。めちゃくちゃだよ。」

うなだれるアルバートの肩《かた》を、学長先生《がくちょうせんせい》は、ぽんとたたきました。

「1年《ねん》たったら、もどっておいで。」

「はい。1年後《ねんご》にまた、受《う》けにきます。」

がっくり肩《かた》を落《お》としたアルバートに、学長先生《がくちょうせんせい》は、やさしく言《い》いました。

「いや、そういうことじゃないよ。この近《ちか》くに、アーラウという小《ちい》さな町《まち》がある。そこのギムナジウムで、1年間学《ねんかんまな》びなさい。そうすれば、今度《こんど》は、無試験《むしけん》で入学《にゅうがく》を許可《きょか》しよう。」

アルバートは、複雑《ふくざつ》な気持《きも》ちで、うなずきました。

無試験《むしけん》はありがたいけど、1年間《ねんかん》は、暗《くら》くて規則《きそく》ずくめのギムナジウムに逆《ぎゃく》もどりか……。

泣《な》きそうな顔《かお》のアルバートを、

「さあ、元気《げんき》を出《だ》しなさい。きみの数学《すうがく》の成績《せいせき》は、抜群《ばつぐん》なんだからね。」

学長先生《がくちょうせんせい》が、力強《ちからづよ》くはげましてくれました。

アルバートは、覚悟《かくご》を決《き》めて、アーラウのギムナジウムをたずねました。

ところが、世《よ》の中《なか》はわからないもの。

アーラウのギムナジウムは、ミュンヘン時代《じだい》からは想像《そうぞう》もつかないような、楽《たの》しい学校《がっこう》だったのです。

授業《じゅぎょう》では、学生《がくせい》が自分《じぶん》の考《かんが》えを、どんどんのべています。どの先生《せんせい》も親切《しんせつ》で、学生《がくせい》の質問《しつもん》に、真剣《しんけん》に答《こた》えてくれるのです。

アルバートはたちまち、この学校《がっこう》が気《き》に入《い》り、人《ひと》がかわったように、ほがらかになりました。友《とも》だちも、たくさんできました。

そのうえ、うれしいことに、この学校《がっこう》は、科学教育《かがくきょういく》にとくに、力《ちから》を入《い》れていたのです。りっぱな理科実験室《りかじっけんしつ》があり、生徒《せいと》はたくさんの資料《しりょう》を、自由《じゆう》に見《み》ることができました。

アルバートは、校長《こうちょう》のヴィンテラー先生《せんせい》の家《いえ》に下宿《げしゅく》させてもらうことになり、そこの子《こ》どもたちとも、すぐなかよしになりました。

たまに、ミラノから妹《いもうと》のマヤがたずねてくると、みんなでピクニックに出《で》かけます。

マヤはのちに、この家《いえ》の長男《ちょうなん》のパウルと結婚《けっこん》し、アルバートをよろこばせました。

それはともかく、ある晩《ばん》のことです。

満天《まんてん》の星《ほし》を見《み》ながら、パウルがききました。

「ねえ、アルバート。この宇宙《うちゅう》には、空気《くうき》がないところがあるの？」

「ああ、そうだよ。」

年上《としうえ》のアルバートは、この家《いえ》の子《こ》どもたちにとって、たよりがいのある先生《せんせい》でもありました。

「じゃあ、星《ほし》の光《ひかり》は、どんなふうにして、ここまでつたわってくるわけ？」

アルバートは、こう答《こた》えました。

「この自然界《しぜんかい》には『エーテル』というものがみちているんだそうだ。光《ひかり》の波《なみ》は、その『エーテル』をつたわってくるんだってさ。」

「でも、だれも『エーテル』を見《み》たことはないんでしょ。」

「ああ。まあね。」

アルバートは、星空《ほしぞら》を見上《みあ》げながら、正体不明《しょうたいふめい》の『エーテル』について、あれこれと想像《そうぞう》をめぐらせました。

それは、ぶよぶよのゼリーのようなものだろうか？　それとも空気《くうき》とそっくりなものか？

「光《ひかり》と同《おな》じ速《はや》さで走《はし》れたらなあ！　ぜったい、エーテルの正体《しょうたい》を見《み》つけてやるのに。」

アルバートは思《おも》わずつぶやきました。でも、もちろん、それはむりな話《はなし》。光《ひかり》の速《はや》さは、なんと秒速約《びょうそくやく》30万《まん》キロメートル。光《ひかり》は1秒《びょう》で地球《ちきゅう》を7周半《しゅうはん》すると、1849年《ねん》にフランスの物理学者《ぶつりがくしゃ》アルマン・フィゾーによって発表《はっぴょう》されているのです。

アルバートは、あらためて、自然《しぜん》の大《おお》きさについて、考《かんが》えずにはいられませんでした。

アーラウでの楽《たの》しい1年《ねん》は、またたくまにすぎました。そしてアルバートはめでたく、チューリヒ工科大学《こうかだいがく》に入学《にゅうがく》を許可《きょか》されます。

1年間《ねんかん》、じっくりと考《かんが》えたいまでは、大学《だいがく》でなにを学《まな》びたいかも、はっきりしていました。

「お父《とう》さんには悪《わる》いけど、電気工学《でんきこうがく》はやりたくない。ぼくは、大学《だいがく》で数学《すうがく》と物理《ぶつり》を研《けん》究《きゅう》したい。そして、将来《しょうらい》は、大学《だいがく》の教授《きょうじゅ》になるんだ。」

17歳《さい》のアルバートは、かたく心《こころ》にちかいました。1896年《ねん》の、さわやかな秋《あき》の日《ひ》のことでした。

2 青春《せいしゅん》のスイス

大学《だいがく》という楽園《らくえん》

「ああ、やっぱり大学《だいがく》はちがうなあ。空気《くうき》のにおいまでちがう。」

あこがれのチューリヒ工科大学《こうかだいがく》の正門《せいもん》をくぐると、アルバートは、思《おも》わずため息《いき》をつきました。

ところが、はじめてミンコフスキー教授《きょうじゅ》の講義《こうぎ》に出《で》たとたん、かれは、がっかりしたのです。

「大学《だいがく》の先生《せんせい》って、ずいぶん不親切《ふしんせつ》だな。わけのわからないことを、ぼそぼそ言《い》ってるだけだ。学生《がくせい》がわかろうと、わかるまいと、興味《きょうみ》ないってことか。」

当時《とうじ》のチューリヒ工科大学《こうかだいがく》には、物理学《ぶつりがく》のウェーバー教授《きょうじゅ》をはじめ、数学《すうがく》のフル

ウィック、ミンコフスキーなどの名教授《めいきょうじゅ》とよばれる先生《せんせい》が、たくさんそろっていました。

新入生《しんにゅうせい》のアルバートを失望《しつぼう》させた、このミンコフスキー先生《せんせい》も、国際的《こくさいてき》に有名《ゆうめい》なわかい数学者《すうがくしゃ》でした。しかも、この先生《せんせい》がのちに、アルバートが発表《はっぴょう》した『特殊相対性理論《とくしゅそうたいせいりろん》』を、数学《すうがく》の立場《たちば》から、みごとに説明《せつめい》して、世界《せかい》をおどろかせることになるのです。

ふたりの天才《てんさい》が、教授《きょうじゅ》と学生《がくせい》として一時期《いちじき》をすごす。なんとも、不思議《ふしぎ》なめぐりあわせではないでしょうか。けれども皮肉《ひにく》なことに、ミンコフスキー先生《せんせい》は、サボりやのアルバートを、あまりよく思《おも》っていませんでした。

そして、アルバートのほうも、ミンコフスキー先生《せんせい》を気《き》に入《い》ってはいなかったのです。アルバートは、けっしてサボりやではありません。でも、

「こんなつまらない講義《こうぎ》に出席《しゅっせき》するのは、時間《じかん》のむださ。」

親友《しんゆう》のグロスマン君《くん》にノート取《と》りをたのむと、さっさと下宿《げしゅく》に帰《かえ》っていきます。そ

して、ひとりで考《かんが》えごとをしたり、物理《ぶつり》の本《ほん》を読《よ》みふけるのでした。

グロスマン君《くん》とは、マルセル・グロスマン。

のちに、この大学《だいがく》の数学科《すうがくか》の教授《きょうじゅ》となり、アルバートの相対性理論《そうたいせいりろん》の発展《はってん》にも協力《きょうりょく》した秀才《しゅうさい》です。

「それにしても、きみはすごいよ。ろくろく講義《こうぎ》にも出《で》ないくせに、試験《しけん》となれば、いつでも1番《ばん》だものな。」

人《ひと》のいいグロスマンが感心《かんしん》すると、

「いや、それは、きみのおかげさ。きみのノートは、ほんとうに、じょうずにまとまってるよ。」

アルバートも、心《こころ》から親友《しんゆう》に感謝《かんしゃ》します。

学園生活《がくえんせいかつ》とは、なんと、いいものでしょう。

どの学生《がくせい》も、お金《かね》こそないけれど、時間《じかん》と、友《とも》だちを思《おも》いやる心《こころ》だけは、山《やま》ほどありました。

アルバートだって、ちゃっかり親友《しんゆう》にノートをかりるばかりではありませんでした。勉強《べんきょう》がおくれている同級生《どうきゅうせい》にたよられれば、いつでもよろこんで、手助《てだす》けをしていたのです。

ところで、アルバートは、この大学《だいがく》で、さらに3人《にん》の親友《しんゆう》を得《え》ました。

まず、オーストリアの有力《ゆうりょく》な政治家《せいじか》の息子《むすこ》、フリードリッヒ・アドラー。かれもグロスマンに、よくノートをかりました。講義《こうぎ》をサボっては、政治運動《せいじうんどう》に熱中《ねっちゅう》していたからです。

アルバートは、元気《げんき》で正義感《せいぎかん》にあふれたアドラーが、大《だい》すきでした。

もうひとりは、イタリア人《じん》のミケーレ・ベッソー。かれはのちに、アルバートと同《おな》じ役所《やくしょ》ではたらくようになります。アルバートが有名《ゆうめい》な『特殊相対性理論《とくしゅそうたいせいりろん》』を思《おも》いついたときには、たのもしい相談相手《そうだんあいて》となりました。

そして、ハンガリーから来《き》た黒《くろ》い髪《かみ》の少女《しょうじょ》、ミレーバ・マリッチ。セルビア語《ご》を母《ぼ》国語《こくご》とする、キリスト教徒《きょうと》です。

小柄《こがら》でものしずかなミレーバは、情熱的《じょうねつてき》な瞳《ひとみ》の美人《びじん》。秀才《しゅうさい》ぞろいのこの大学《だいがく》でも、とくに優秀《ゆうしゅう》な学生《がくせい》で、大学教授《だいがくきょうじゅ》になることを夢見《ゆめみ》ていました。

身長《しんちょう》171センチメートル。ウエーブのかかった黒髪《くろかみ》に、うすい口《くち》ひげを生《は》やした、ハンサムなアルバートとは、見《み》るからに似合《にあ》いのカップルでした。

アルバートは貧乏《びんぼう》のどん底《ぞこ》で、屋根裏部屋《やねうらべや》に住《す》み、食事《しょくじ》は一日《にち》にパンひと切《き》れと、わずかのミルク。それにもことかく日《ひ》もありました。それでもわかいふたりは、よくいっしょに勉強《べんきょう》をし、いつしか愛《あい》しあうようになりました。そして、卒業《そつぎょう》が近《ちか》づくころには、ひそかに結婚《けっこん》の約束《やくそく》をするまでになったのです。

ある日《ひ》、アルバートは言《い》いました。

「ぼくはね、卒業後《そつぎょうご》も、学校《がっこう》にのこりたい。だから助手《じょしゅ》の仕事《しごと》に応募《おうぼ》するよ。決《き》まったら、すぐ結婚《けっこん》しよう。そして、このチューリヒでくらそうよ。」

ミレーバも、大賛成《だいさんせい》です。

成績優秀《せいせきゆうしゅう》なアルバートは、どの先生《せんせい》からも引《ひ》っぱりだこだろう……。ふたりは、そう信《しん》じきっていました。

ところが、事実《じじつ》は逆《ぎゃく》でした。

卒業式《そつぎょうしき》のまえに、新《あたら》しい助手《じょしゅ》が発表《はっぴょう》されたとき、アルバートの名前《なまえ》は、なかったのです。

「なぜです？　せめて理由《りゆう》を教《おし》えてください。」

アルバートがいくらきいても、大学《だいがく》は、はっきりした返事《へんじ》をしてくれません。

やがて、卒業《そつぎょう》の日《ひ》がやってきました。

アルバートは、職《しょく》も見《み》つからないまま、大学《だいがく》という楽園《らくえん》から、きびしい実社会《じっしゃかい》に放《ほう》りだされることになります。ときに１９００年《ねん》、翌年《よくねん》の１９０１年《ねん》には20世紀《せいき》にかわる年《とし》の夏《なつ》のことでした。

卒業式《そつぎょうしき》の翌日《よくじつ》から、アルバートはさっそく、別《べつ》の仕事《しごと》をさがしはじめました。

大学《だいがく》の助手《じょしゅ》がだめなら、ギムナジウムの先生《せんせい》はどうだろう？　ところが、ことはそう、かんたんにいきません。どのギムナジウムに面接《めんせつ》に行《い》っても、つぎつぎ、ことわられてしまうのです。

「なぜだ？　世間《せけん》はどうして、ぼくだけにつめたいんだ。」

黒髪《くろかみ》を、かきむしってなやむアルバートに、ある人《ひと》がききました。

「きみは、生《う》まれながらのスイス人《じん》かい？」

アルバートは、はっとしました。

ミュンヘンのギムナジウムから仮《かり》の卒業証明書《そつぎょうしょうめいしょ》をもらって、ミラノにうつったとき、かれはドイツの国籍《こくせき》をすててしまいました。

ところが、お父《とう》さんはドイツ国籍《こくせき》のままです。未成年《みせいねん》のかれがすぐ、ほかの国《くに》の国籍《こくせき》をとることは法律上《ほうりつじょう》、ゆるされませんでした。

しばらく無国籍《むこくせき》だったアルバートは、スイスの大学《だいがく》に入《はい》ったのを機会《きかい》に、やがてはスイス国民《こくみん》になろうと思《おも》いました。そこで毎月《まいつき》、すこしずつお金《かね》をため、卒業直後《そつぎょうちょくご》にやっと、スイス国籍《こくせき》をとることができたのです。

けれども、スイスの愛国者《あいこくしゃ》たちは、アルバートのような新米《しんまい》スイス人《じん》を、「紙《かみ》の上《うえ》のスイス人《じん》」とよんで、なにかと差別《さべつ》したがりました。

しかも、アルバートはユダヤ人《じん》の家庭《かてい》の子《こ》です。当時《とうじ》のスイスには、ユダヤ人《じん》ぎらいがたくさんいました。

なんとか職《しょく》が見《み》つかったのは、卒業後《そつぎょうご》、半年以上《はんとしいじょう》たってからのことでした。地方《ちほう》のあるギムナジウムが、短期《たんき》で、先生《せんせい》を募集《ぼしゅう》していたのです。

それが終《お》わると、また別《べつ》の町《まち》で、家庭教師《かていきょうし》にやとわれました。ところが、教《おし》え方《かた》の問題《もんだい》で、子《こ》どもの父親《ちちおや》と口論《こうろん》をしたかれは、2か月《げつ》もしないうちに、自分《じぶん》からやめてしまったのです。

すきっぱらをかかえ、ふらふらとチューリヒにもどってきたアルバートは、町中《まちなか》で思《おも》いがけない人物《じんぶつ》に会《あ》いました。

特許局《とっきょきょく》の片《かた》すみで

「やあ、アルバートじゃないか！　元気《げんき》か？」

目《め》の前《まえ》で、にこにこ笑《わら》っているのは、マルセル・グロスマン。大学時代《だいがくじだい》の親友《しんゆう》です。

「元気《げんき》じゃないよ……。まだ、就職《しゅうしょく》が決《き》まらない。どこへ行《い》っても、だめなんだよ。」

アルバートは、ついぐちをこぼしました。

「なるほど。」

グロスマンは深《ふか》くうなずくと、

「おやじに相談《そうだん》してみるよ。１週間《しゅうかん》ばかり待《ま》ってくれないか。」

と言《い》いました。そして、その１週間後《しゅうかんご》、アルバートは、スイスの首都《しゅと》ベルンにある特《とっ》許局《きょきょく》の局長《きょくちょう》から、呼《よ》び出《だ》しを受《う》けたのです。

もちろん、有力者《ゆうりょくしゃ》であるグロスマンのお父《とう》さんのとりはからいでした。

長《なが》い面接《めんせつ》のすえ、局長《きょくちょう》はアルバートを特許局《とっきょきょく》の職員《しょくいん》に採用《さいよう》しました。

大学時代《だいがくじだい》にノートをかしてくれた友《とも》が、今度《こんど》は就職《しゅうしょく》の世話《せわ》をしてくれたのです。

アルバートは、かわらぬ友情《ゆうじょう》をしめしてくれるグロスマンに、頭《あたま》が下《さ》がる思《おも》いでした。

次《つぎ》の日《ひ》からアルバートは、特許局《とっきょきょく》の片《かた》すみに、自分《じぶん》の席《せき》をもらいました。

どこの国《くに》でも、だいたい同《おな》じことですが、なにかを発明《はつめい》した人《ひと》は、特許《とっきょ》という証明《しょうめい》をとり、その発明《はつめい》を法律《ほうりつ》で守《まも》ってもらう必要《ひつよう》が出《で》てきます。そのためには、「特許《とっきょ》局《きょく》」という役所《やくしょ》に、自分《じぶん》がどんな発明《はつめい》をしたかをくわしく説明《せつめい》した書類《しょるい》を出《だ》して、審《しん》査《さ》を受《う》け、みとめてもらわなければならないわけです。

ところが、発明《はつめい》そのものはすばらしくても、文《ぶん》がへたで、なんだかわからないような書類《しょるい》も、たくさんあります。

当時《とうじ》のスイスでは、そういうとき、役所《やくしょ》のほうで、説明《せつめい》の文《ぶん》を書《か》きなおし、だれにでもわかるようにしてから、特許《とっきょ》をさずけました。

アルバートにあたえられたのは、まさにそういう仕事《しごと》でした。そして、この面倒《めんどう》な仕事《しごと》を、かれはするどい頭脳《ずのう》と根気《こんき》で、かるがるとこなしてみせたのです。

アルバートはたちまち、役所《やくしょ》の仲間《なかま》たちの尊敬《そんけい》を勝《か》ちとりました。

礼儀《れいぎ》正《ただ》しく、仕事熱心《しごとねっしん》で、ユーモアもわかるかれは、なかなかの人気者《にんきもの》でもありました。

正式《せいしき》の職《しょく》を得《え》たアルバートは、1903年《ねん》、恋人《こいびと》のミレーバをベルンによび、ささやかな結婚式《けっこんしき》をあげました。

この結婚《けっこん》には、じつは母《はは》をはじめ親戚中《しんせきじゅう》が反対《はんたい》でした。ミレーバは外国《がいこく》の人《ひと》で、しかも年上《としうえ》だったからです。ただひとりの味方《みかた》だった父《ちち》は、1902年《ねん》にこの世《よ》を去《さ》っていました。

わかいふたりは、自分《じぶん》たちだけで式《しき》をあげ、幸福《こうふく》な結婚生活《けっこんせいかつ》を始《はじ》めました。

1年後《ねんご》の1904年《ねん》、長男《ちょうなん》のハンス・アルバートが生《う》まれます。

安定《あんてい》した収入《しゅうにゅう》と、温《あたた》かな家庭《かてい》にささえられ、アルバートの心《こころ》に、余裕《よゆう》がもどってきました。

特許局《とっきょきょく》では、毎日《まいにち》の仕事《しごと》をすばらしい効率《こうりつ》でかたづけ、あまった時間《じかん》で物理学《ぶつりがく》の研究《けんきゅう》にはげみます。

専門《せんもん》の雑誌《ざっし》がとどくと、封《ふう》を切《き》るのももどかしく、実験報告《じっけんほうこく》のページを開《ひら》きました。

なにか新《あたら》しい事実《じじつ》は、出《で》てないか？

自分《じぶん》を刺激《しげき》してくれるような、すばらしい報告《ほうこく》はないだろうか？

そんなかれの頭《あたま》を、いつもはなれない問題《もんだい》が、ひとつありました。

「光《ひかり》」です。

光《ひかり》って、なんだろう？

光《ひかり》と同《おな》じ速《はや》さで走《はし》ったら、どんなものが見《み》えるだろう？

アーラウで、校長先生《こうちょうせんせい》の息子《むすこ》のパウルと語《かた》りあって以来《いらい》、アルバートは、ずっと、光《ひかり》のことを考《かんが》えつづけていたのです。

役所《やくしょ》への行《ゆ》き帰《かえ》りにも、のんびり息子《むすこ》の乳母車《うばぐるま》をおしているときも、かれは、想像《そうぞう》をめぐらせつづけました。

そして、自分《じぶん》の考《かんが》えがまとまると、さっそく、だれかに聞《き》いてもらわずにはいられないのです。

家《いえ》に帰《かえ》れば妻《つま》に、休《やす》みの日《ひ》には科学《かがく》好《ず》きの友人《ゆうじん》たちに、自分《じぶん》の意見《いけん》を、熱心《ねっしん》に説明《せつめい》しました。

そんなときは、ふだんはひかえめで、礼儀《れいぎ》正《ただ》しいかれも、別人《べつじん》のように、雄弁《ゆうべん》になるのでした。

しかも、アルバートの考《かんが》えは、いつでも、たいへんユニークでしたから、だれもが心《こころ》から耳《みみ》をかたむけたものです。

なかでも、とりわけ熱心《ねっしん》な話《はな》し相手《あいて》になったのが、ミケーレ・ベッソー。アルバートの大学《だいがく》時代《じだい》の親友《しんゆう》のひとりで、いまは特許局《とっきょきょく》でいっしょにはたらいている、イタリア系《けい》ユダヤ人《じん》の青年《せいねん》でした。

ふたりは、役所《やくしょ》のお茶《ちゃ》の時間《じかん》にも、額《ひたい》をつきあわせ、学問上《がくもんじょう》の議論《ぎろん》をたたかわせていました。

そんなある日《ひ》の昼休《ひるやす》み。

「やあ、わかったぞ！　わかったぞ！」

アルバートが、いきおいこんで、ベッソーの席《せき》へやってきたのです。

「なにが、わかったんだ？」

ベッソーがきくと、

「『エーテル』だ！　光《ひかり》だ！　『マイケルソン＝モーリーの実験《じっけん》』だよ！」

アルバートは、興奮《こうふん》してさけびつづけます。

ベッソーは、目《め》をぱちくりさせました。

『マイケルソン＝モーリーの実験《じっけん》』とは、1887年《ねん》に、アメリカの科学者《かがくしゃ》アルバート・マイケルソンとエドワード・モーリーが、エーテルの性質《せいしつ》をたしかめるために

行《おこな》った実験《じっけん》です。ところで『エーテル』とは？　そう、19世紀《せいき》の物理学者《ぶつりがくしゃ》たちの大半《たいはん》が、大気中《たいきちゅう》にみちていると信《しん》じていた、正体不明《しょうたいふめい》の気体《きたい》です。

水中《すいちゅう》を歩《ある》くと、水《みず》の抵抗《ていこう》を感《かん》じますね。それと同《おな》じように、地球《ちきゅう》が『エーテル』という気体《きたい》の中《なか》を動《うご》いているなら、かならず『エーテル』の抵抗《ていこう》を感《かん》じるはずだ。それを測《はか》れば、エーテルの性質《せいしつ》がわかるにちがいないと、考《かんが》えました。

おおぜいの科学者《かがくしゃ》たちが、光《ひかり》を利用《りよう》して、エーテルの抵抗《ていこう》を測《はか》ろうとしました。マイケルソンとモーリーは、なかでもとびぬけて精度《せいど》の高《たか》い装置《そうち》をつくって実験《じっけん》したのです。

ふたりは地球《ちきゅう》が太陽《たいよう》のまわりを公転《こうてん》する方向《ほうこう》に行《い》く光《ひかり》と、その直角方向《ちょっかくほうこう》に進《すす》む2本《ほん》の光《ひかり》をえらびました。

そして、この2本《ほん》の光《ひかり》が同《おな》じ距離《きょり》を移動《いどう》するのにかかった時間《じかん》をくらべたのです。

結果《けっか》は、どちらの光《ひかり》の速度《そくど》も同《おな》じでした。

「結局《けっきょく》、あの実験《じっけん》は失敗《しっぱい》だった。エーテルの抵抗《ていこう》は、いまだに検出《けんしゅつ》できてないんだよな。」

ベッソーが言《い》うと、

「失敗《しっぱい》？　そうかな？」

アルバートは、ウエーブのかかった黒髪《くろかみ》をかきあげて、ベッソーを見《み》つめました。

「実験《じっけん》では、光《ひかり》が方向《ほうこう》によって速度《そくど》がかわることが確認《かくにん》できなかった。それはつまり、『エーテル』なんてものはない、という説明《せつめい》にならないか？」

「なるほど！　そのとおりだ。これはまるで『コロンブスの卵《たまご》』だな。」

ベッソーは目《め》をかがやかせました。当時《とうじ》、エーテルの存在《そんざい》をうたがっていた学者《がくしゃ》もありましたが、これほどあざやかに説明《せつめい》できた人《ひと》はいなかったのです。

それでもアルバートには、まだ解決《かいけつ》すべき問題《もんだい》がありました。

『特殊相対性理論《とくしゅそうたいせいりろん》』を発表《はっぴょう》

そして、5月《がつ》のある晴《は》れた休日《きゅうじつ》。アルバートは、ベッソーの家《いえ》にやってくると言《い》いました。

「ああ、わからない！　ちょっと、聞《き》いてくれよ、ミケーレ。」

アルバートの次《つぎ》のなやみは、「光《ひかり》の速度《そくど》は一定《いってい》」と考《かんが》えると、いままでの常識《じょうしき》と合《あ》わなくなる現象《げんしょう》が起《お》こる、ということでした。

「いいかい、たとえば、動《うご》いている電車《でんしゃ》の車両《しゃりょう》のまんなかから、2つのボールを同時《どうじ》に、同《おな》じ速《はや》さで、前後《ぜんご》のドアに向《む》かって投《な》げたとする。結果《けっか》は？」

アルバートの質問《しつもん》に、ミケーレ・ベッソーはすぐ答《こた》えました。

「同時《どうじ》さ。それぞれ、前後《ぜんご》のドアに同時《どうじ》に着《つ》く。」

「では、それを、電車《でんしゃ》の外《そと》から見《み》ると？」

アルバートが重《かさ》ねてたずねると、

「外《そと》から見《み》たって同《おな》じだよ。2つのボールはそれぞれ、前後《ぜんご》のドアに同時《どうじ》に着《つ》くように見《み》える。」

ベッソーは、こともなげに答《こた》えました。

そのとおり。地球上《ちきゅうじょう》でわたしたちのいる場所《ばしょ》が動《うご》いていても、止《と》まっていても、（動《うご》く電車《でんしゃ》の中《なか》でも、外《そと》から見《み》ても）、物体《ぶったい》が移動《いどう》する距離《きょり》は、同《おな》じに見《み》えますね。これを「ガリレイの相対性原理《そうたいせいげんり》」といいます。

「では、同《おな》じことを、光《ひかり》について考《かんが》えたら、どうかな？」

アルバートは、真剣《しんけん》な顔《かお》で聞《き》きました。

光《ひかり》は電磁波《でんじは》（電気《でんき》や磁力《じりょく》による変化《へんか》が、波動《はどう》として空間《くうかん》をつたわっていくもの）の一種《いっしゅ》です。1864年《ねん》に、イギリスのジェームズ・マクスウェルが「電磁気学《でんじきがく》」という物理学《ぶつりがく》の分野《ぶんや》を打《う》ちたて、光《ひかり》は電磁波《でんじは》で、速度《そくど》は一定《いってい》だとし、〈マクスウェルの方程式《ほうていしき》〉を発表《はっぴょう》しました。

「マクスウェルの方程式《ほうていしき》では、ガリレイの相対性原理《そうたいせいげんり》がなりたたない。」

アルバートはため息《いき》をつきました。

「そうだったな。光速《こうそく》は一定《いってい》のはずなのに……。やっぱりあの方程式《ほうていしき》はまちがっているんじゃないのか？」

「いや、そんなことはない。しっかりした方程式《ほうていしき》だ。解《と》く者《もの》が、なにかを見落《みお》としているんだ。それは——なんだろう？」

アルバートは頭《あたま》をかかえ、はっと気《き》づくと、

「いや失礼《しつれい》。おじゃまをしすぎたな。おいしい、お茶《ちゃ》をごちそうさま。」

あいさつもそこそこに、帰《かえ》っていきました。

ところが翌日《よくじつ》、アルバートはまたやってきて、

「わかったよ！　ミケーレ。あの問題《もんだい》がとけた。鍵《かぎ》は〝時間《じかん》〟だったのさ。」

と、にこにこ顔《がお》で一気《いっき》に話《はな》しだしたのです。

「いいかい、ミケーレ。『エーテル』は存在《そんざい》しない。光《ひかり》は直進《ちょくしん》し、その速度《そくど》は一定《いってい》

だ。ここまでは、みとめるね？」

ミケーレ・ベッソーはうなずきました。

「そして、宇宙全体《うちゅうぜんたい》が動《うご》いている。ぼくらも、地球《ちきゅう》という乗《の》り物《もの》に乗《の》っかって、つねに動《うご》いている。止《と》まっていると思《おも》っているときも、動《うご》いているんだ。これもいいね？」

ベッソーは、またうなずきました。

「それでは、きくがね、ミケーレ。時間《じかん》は、ぜったいひとつだと思《おも》うかい？」

ベッソーは、言葉《ことば》につまりました。

「え？　もちろん……あたりまえだろ。ニュートンも言《い》ってるぞ。正確《せいかく》な時間《じかん》は、ただひとつ。過去《かこ》から未来《みらい》に向《む》かって、規則正《きそくただ》しく流《なが》れつづけているんだ。つまり、1分《ぷん》は、だれにとっても1分《ぷん》ということだよ。」

「さて、そうかな？」

アルバートは、にっこり笑《わら》うと、こう言《い》ったのです。

「ぼくの意見《いけん》は、ちがうね。時間《じかん》は、ひとつじゃないんだよ。」

ベッソーは、目《め》を丸《まる》くしました。

「いったい、どういうことだい？　もっと、くわしく説明《せつめい》してくれよ。」

アルバートは、こう言《い》いました。

「では、ぼくが電車《でんしゃ》の車両《しゃりょう》の中央《ちゅうおう》から、前後《ぜんご》のドアに向《む》けて光《ひかり》を発射《はっしゃ》するとしよう。その時間《じかん》を精密《せいみつ》な時計《とけい》ではかるんだよ。さて、どっちの光《ひかり》が先《さき》に着《つ》くと思《おも》う？」

「そりゃ、同時《どうじ》だろ？　どちらの光《ひかり》も秒速約《びょうそくやく》30万《まん》キロで前後《ぜんご》に進《すす》み、ドアに当《あ》たる。」

「そのとおりだ。だが、きみがそれを地上《ちじょう》から見《み》たら、どうなるかな？　光《ひかり》が進《すす》むあいだも、電車《でんしゃ》は前進《ぜんしん》しているんだよ。ということは？」

「前後《ぜんご》のドアも前方《ぜんぽう》へ動《うご》いている。つまり、前《まえ》の光《ひかり》がドアに当《あ》たるまでの距離《きょり》は、その分《ぶん》だけ長《なが》くなる。いっぽう、後《うし》ろのドアまでの距離《きょり》はその分《ぶん》、短《みじか》くなる。ということは――地上《ちじょう》で見《み》ている人《ひと》には、光《ひかり》は後《うし》ろのドアに先《さき》に着《つ》くように見《み》えるよね。そこが、ガリレイの相対性原理《そうたいせいげんり》と合《あ》わないのさ。」

ボールと光《ひかり》のたとえ

ボール

電車《でんしゃ》に乗《の》っている人《ひと》が見《み》ると、ボールは前《まえ》と後《うし》ろのドアに同時《どうじ》に着《つ》く。

●
ボールを投《な》げる

電車《でんしゃ》の外《そと》から見《み》ても、前《まえ》と後《うし》ろのドアに同時《どうじ》に着《つ》く。

電車《でんしゃ》の中《なか》で見《み》て同時《どうじ》なら、外《そと》から見《み》ても同時《どうじ》である。

光《ひかり》

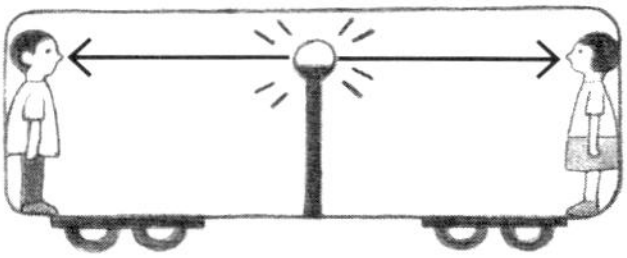

電車《でんしゃ》に乗《の》っている人《ひと》が見《み》ると、光《ひかり》は前《まえ》と後《うし》ろのドアに同時《どうじ》に着《つ》く。

●
光《ひかり》を発射《はっしゃ》

電車《でんしゃ》の外《そと》から見《み》ると、後《うし》ろのドアのほうが先《さき》に着《つ》く。

電車《でんしゃ》の中《なか》で見《み》て同時《どうじ》でも、外《そと》から見《み》たら同時《どうじ》ではない。時間《じかん》とはなんだろうか？

ベッソーがそう言《い》うと、アルバートは大《おお》きくうなずきました。

「そうさ。光《ひかり》はなにより速《はや》く直進《ちょくしん》する。その速度《そくど》はかわらない。それなら、『光《ひかり》の速《そく》度《ど》が一定《いってい》』を基本《きほん》の法則《ほうそく》にして、距離《きょり》がちがって見《み》えることを、〝時間《じかん》〟という条件《じょうけん》をかえて説明《せつめい》すればいいいんだ。」

「え!?」

思《おも》わずさけんだベッソーに、アルバートは大《おお》まじめな顔《かお》でつづけました。

「いままでのように、時間《じかん》はひとつしかない、〝絶対《ぜったい》〟だと思《おも》うのを、やめたらどうだろう？　つまり、時間《じかん》は見《み》る人《ひと》の立場《たちば》によってかわる。つまり〝相対的《そうたいてき》〟と考《かんが》えるんだ。空間《くうかん》だって同《おな》じだよ。」

「空間《くうかん》も!?」

おどろくベッソーは、こうつづけました。

「それは、論文《ろんぶん》にまとめられるかい？」

ミケーレ・ベッソーにはげまされ、アルバートはかれの意見《いけん》を『特殊相対性理論《とくしゅそうたいせいりろん》』

という論文《ろんぶん》にまとめました。［1］

「相対性《そうたいせい》」というのは、「相手《あいて》によってかわる」という意味《いみ》です。なぜ、「特殊《とくしゅ》」なのかはあとから、章《しょう》をかえて説明《せつめい》することにしましょう。

アルバートは、この論文《ろんぶん》を、当時《とうじ》のドイツで、とても有名《ゆうめい》な科学雑誌《かがくざっし》『物理学年報《ぶつりがくねんぽう》（アナーレン・デア・フィジーク誌《し》）』に発表《はっぴょう》しました。１９０５年《ねん》、かれが26歳《さい》のときでした。その内容《ないよう》をまとめると、次《つぎ》のようになります。

○宇宙全体《うちゅうぜんたい》が動《うご》いている。そして、

○光《ひかり》はなにより速《はや》く直進《ちょくしん》し、その速《はや》さは、かわらない、ということをみとめれば、

一、『エーテル』は、存在《そんざい》しない。また、

二、時間《じかん》も空間《くうかん》も、ひとつとはいえない。

そして、こう考《かんが》えたのです。

速度《そくど》をかえず、ひたすら同《おな》じ方向《ほうこう》に動《うご》いているふたつの物体《ぶったい》（たとえば、地球《ちきゅう》と列《れっ》車《しゃ》、地球《ちきゅう》と月《つき》、などいろいろありますね。）をくらべたとき、

A《エー》、速《はや》く動《うご》くものほど、時間《じかん》はゆっくり進《すす》むようになる。
B《ビー》、物《もの》は、運動《うんどう》の方向《ほうこう》に向《む》かってちぢむ。

こういうことが、まちがいなく、日常《にちじょう》でも起《お》こっているのです。けれどもその値《あたい》があまりにも小《ちい》さいので気《き》づかないだけなのだと、アルバートは主張《しゅちょう》しました。

そして、光《ひかり》にかぎりなく近《ちか》い速《はや》さで動《うご》いている人《ひと》にとって、時間《じかん》は、止《と》まっている人《ひと》の何《なん》千倍《ばい》もおそくなり、進《すす》む方向《ほうこう》に対《たい》して長《なが》さがちぢむはずだと、言《い》ったのです。

この理論《りろん》で、アインシュタインは時間《じかん》と空間《くうかん》という、いっけん別々《べつべつ》なものを、ひとつにまとめて考《かんが》えました。

わたしたちがいる3次元《じげん》の空間《くうかん》（立体空間《りったいくうかん》）に、時間《じかん》を加《くわ》え、4次元《じげん》の世界《せかい》を想像《そうぞう》することに成功《せいこう》したのです。

［1］当時《とうじ》、『動《うご》いている物体《ぶったい》の電気力学《でんきりきがく》』という論文《ろんぶん》で発表《はっぴょう》された理論《りろん》が、特殊相対性理論《とくしゅそうたいせいりろん》とよばれている。

その後《ご》、アルバートは、もうひとつ決定的《けっていてき》な発見《はっけん》をしました。

エネルギー（力《ちから》）＝《イコール》質量《しつりょう》（重《おも》さ）だ！


「光《ひかり》に追《お》いつけないのはなぜか？

ある人《ひと》が、光《ひかり》に追《お》いつこうと、スピードを上《あ》げていくとする。つまり、体《からだ》にエネルギーをあたえていくわけだね。はじめは順調《じゅんちょう》だ。スピードはどんどん上《あ》がっていくだろう。

ところが、あるときから、スピードの上《あ》がり方《かた》が、にぶりだすにちがいない。それでも、がんばってエネルギーをあたえつづけると、余分《よぶん》なエネルギーがたまって、体《たい》重《じゅう》がかわってしまうんだよ。

つまり、エネルギー（力《ちから》）＝《イコール》質量《しつりょう》（重《おも》さ）ということだ。」

「こいつはすごい！」

ベッソーは、目《め》をかがやかせました。

「エネルギーと質量《しつりょう》（重《おも》さ）は同《おな》じもので、エネルギーが重《おも》さにかわるなら、質量《しつりょう》（重《おも》さ）をエネルギーにかえることもできるんだね？」

アルバートは大《おお》きくうなずくと、次《つぎ》のような式《しき》を書《か》いてみせたのです。

『E＝mc²《イーイコールエムシー》』（「エネルギー（E《イー》）＝《イコール》質量《しつりょう》（m《エム》）×光《ひかり》の速《はや》さ（c《シー》）の2乗《じょう》」）

この式《しき》で、光《ひかり》の速《はや》さは決《き》まっています。しかも、毎秒約《まいびょうやく》30万《まん》キロメートルという、大《おお》きな値《あたい》です。［2］

「人《ひと》が光《ひかり》の速《はや》さの0・7倍《ばい》のスピードで進《すす》むと、エネルギーはもとの約《やく》1・4倍《ばい》にな

［2］エネルギーの単位《たんい》はジュール、質量《しつりょう》の単位《たんい》はキログラム。光《ひかり》の速《はや》さは、いまでは毎《まい》秒《びょう》299792458メートルと定義《ていぎ》されている。

る。0・9倍《ばい》で約《やく》2・3倍《ばい》にふえ、光《ひかり》の速《はや》さ近《ちか》くでは、何千倍《なんぜんばい》、何万倍《なんまんばい》にもなるという計算《けいさん》だ。」

「ということは……ほんのちょっとの重《おも》さのものが、莫大《ばくだい》なエネルギーにかわる、という意味《いみ》じゃないか！」

「そのとおりさ。」

「うーむ……。」

ベッソーには、とても信《しん》じられませんでした。いや、ほかのだれにも、信《しん》じられなかったのです。すべてのものには、その重《おも》さに、光《ひかり》の速《はや》さの2乗《じょう》をかけたと同《おな》じエネルギーがあるというのです。

けれども、もしほんとうに、質量《しつりょう》をエネルギーにかえられるとしたら？　莫大《ばくだい》なエネルギーをとりだすことができるはずです。ごくわずかな質量《しつりょう》の物《もの》の中《なか》にも、莫大《ばくだい》なエネルギーがかくれているというわけです。つまり、もし1グラムの物質《ぶっしつ》をエネルギーにかえることができるとすれば、摂氏《せっし》0度《ど》の水《みず》、約《やく》22万《まん》トンをふっとうさせられる計算《けいさん》になります。アルバートが言《い》いたいのは、まさにそういうことでした。

かれの意見《いけん》は、それからちょうど40年後《ねんご》、とても不幸《ふこう》なかたちで証明《しょうめい》されることになります。１９４５年《ねん》、日本《にっぽん》の広島《ひろしま》と長崎《ながさき》に原子爆弾《げんしばくだん》が投下《とうか》され、一瞬《いっしゅん》のうちに、ふたつの大都市《だいとし》を、全滅《ぜんめつ》に近《ちか》い状態《じょうたい》におとしいれたからです。

それはともかく、１９０５年《ねん》は、青年科学者《せいねんかがくしゃ》アルバート・アインシュタインにとって、まさに飛躍《ひやく》の年《とし》、奇跡《きせき》の年《とし》でした。

この年《とし》、かれは『特殊相対性理論《とくしゅそうたいせいりろん》』をはじめ、『光量子《こうりょうし》の理論《りろん》』、『ブラウン運動《うんどう》の理論《りろん》』など、有名《ゆうめい》な論文《ろんぶん》をたてつづけに発表《はっぴょう》しています。

このうち『光量子《こうりょうし》の理論《りろん》』では、アルバートは、物《もの》に対《たい》する光《ひかり》の作用《さよう》について考《かんが》えました。

つまり、波《なみ》としてつたわってきた光《ひかり》が、物《もの》にぶつかるとどうなるかを考《かんが》えたのです。

アルバートは以前《いぜん》から、大先輩《だいせんぱい》のドイツの物理学者《ぶつりがくしゃ》マックス・プランク（１８５８

～1947年《ねん》）が発表《はっぴょう》した『量子論《りょうしろん》』という学説《がくせつ》に、大《おお》きな興味《きょうみ》をもっていました。

プランクの意見《いけん》では、物《もの》を熱《ねっ》した場合《ばあい》、エネルギーは、ひとつの流《なが》れとして、たえまなく放出《ほうしゅつ》されるのではなく、『量子《りょうし》』という小《ちい》さなつぶの形《かたち》で、とぎれとぎれに出《で》てくるのではないか、というのです。

アルバートは、大先輩《だいせんぱい》のこの意見《いけん》に注目《ちゅうもく》し、光《ひかり》もエネルギーのつぶ（光子《こうし》）の集《あつ》まりではないかと、推測《すいそく》しました。

しかも、光《ひかり》は波《なみ》としてつたわり、物《もの》にぶつかったとたん、つぶの性質《せいしつ》を表《あらわ》すと主張《しゅちょう》し、数式《すうしき》で説明《せつめい》しました。

この数式《すうしき》は、プランクの意見《いけん》のみごとな証明《しょうめい》となり、量子力学《りょうしりきがく》や分光学《ぶんこうがく》など、物理学《ぶつりがく》の新《あたら》しい研究分野《けんきゅうぶんや》を、おおいに発展《はってん》させるもととなりました。

また、テレビや太陽電池《たいようでんち》など、日常生活《にちじょうせいかつ》に便利《べんり》なものを発明《はつめい》するための、大《おお》きな力《ちから》になったのです。

『光量子《こうりょうし》の理論《りろん》』によって、アルバートはのちに、ノーベル賞《しょう》を得《え》ることになります。

アルバート・アインシュタインは、いつでも考《かんが》えていました。5歳《さい》のとき、お父《とう》さんに方位磁石《ほういじしゃく》をもらった日《ひ》から、かれは、

「自然《しぜん》には、かくされた規則《きそく》がある。」

と感《かん》じ、その規則《きそく》をひとつでも、明《あき》らかにしたいと、ひとりでこつこつ勉強《べんきょう》をつづけてきたのです。

普通《ふつう》の人《ひと》なら「常識《じょうしき》だ」と、見《み》のがしてしまうようなことにも、うたがいの目《め》を向《む》けました。

わからないことがあれば、わかるまで、あきらめずに調《しら》べつづけました。

かれはまた、実験《じっけん》や観察《かんさつ》の結果《けっか》をとても大事《だいじ》にし、そこから得《え》られた事実《じじつ》しか信《しん》じませんでした。

ところが、いったん事実《じじつ》をつかむと、そこから、すばらしい想像力《そうぞうりょく》を発揮《はっき》するのです。

光《ひかり》はなによりも速《はや》く直進《ちょくしん》する、というのは、物理学者《ぶつりがくしゃ》ならだれでも知《し》っている事実《じじつ》です。けれども、そこから、かれほどの大理論《だいりろん》を導《みちび》きだせた人《ひと》は、ほかにいたでしょうか？

子《こ》どものような好奇心《こうきしん》と、ねばり強《づよ》さと、かん（直感力《ちょっかんりょく》）のよさを武器《ぶき》に、アルバートは、科学者《かがくしゃ》としての才能《さいのう》を、つぎつぎと花開《はなひら》かせていきました。

気《き》さくな青年助教授《せいねんじょきょうじゅ》

アルバートが発表《はっぴょう》した『特殊相対性理論《とくしゅそうたいせいりろん》』は、あの大先輩《だいせんぱい》マックス・プランクに注目《ちゅうもく》され、しだいに大評判《だいひょうばん》となりました。

特許局《とっきょきょく》は、いごこちのいい職場《しょくば》でしたし、給料《きゅうりょう》も悪《わる》くありません。仕事《しごと》が終《お》われば、じゅうぶん、すきな研究《けんきゅう》をする余裕《よゆう》もあります。

これにひきかえ、大学《だいがく》の先生《せんせい》は、たしかに名誉《めいよ》な仕事《しごと》ではありますが、給料《きゅうりょう》がそれほどよくないのです。

しかも、学生《がくせい》を教《おし》えるとなれば、準備《じゅんび》に追《お》われて、研究《けんきゅう》の時間《じかん》も、大幅《おおはば》にへってしまうでしょう。

おまけに、その当時《とうじ》のヨーロッパの習慣《しゅうかん》で、どんな優秀《ゆうしゅう》な人《ひと》でも、教授《きょうじゅ》になるまえには、どこかの大学《だいがく》で講師《こうし》をつとめなくてはなりません。しかも、ほとんど無給《むきゅう》です。

これでは生活《せいかつ》していくことができません。家庭《かてい》もあり、子《こ》どももいるアルバートには、たいへん考《かんが》えにくいことでした。

「だがね、アインシュタイン君《くん》。これから、ずっと研究者《けんきゅうしゃ》としてやっていくつもりなら、やはり大学《だいがく》の教授《きょうじゅ》になることは、必要《ひつよう》だよ。」

先輩《せんぱい》の助言《じょげん》を受《う》けて、かれは1908年《ねん》から、つとめのかたわら、同《おな》じ都市《とし》にあるベルン大学《だいがく》で、講師《こうし》として教《おし》えはじめました。

そこへ、チューリヒ大学《だいがく》の助教授《じょきょうじゅ》の席《せき》がひとつ空《あ》いたのです。

このとき、もうひとりの助教授候補《じょきょうじゅこうほ》として名前《なまえ》があがったのが、フリードリッヒ・アドラーでした。

あなたは、覚《おぼ》えていますか？　そう、大学時代《だいがくじだい》の親友《しんゆう》で、大物政治家《おおものせいじか》の息子《むすこ》だった、あのアドラーです。

教育委員会《きょういくいいんかい》としては、父親《ちちおや》とのつながりも考《かんが》えて、当時《とうじ》チューリヒ大学《だいがく》の講師《こうし》をしていたアドラーを、助教授《じょきょうじゅ》に採用《さいよう》することにしました。

ところが、どこからか情報《じょうほう》をつかんだアドラーは、直接《ちょくせつ》、教育委員会《きょういくいいんかい》に乗《の》りこみ、

「アルバート・アインシュタインのような天才《てんさい》をさしおいて、わたしを採用《さいよう》するなんて、大《おお》まちがいです！」

と、演説《えんぜつ》したのです。

けっきょく、１９０９年《ねん》の秋《あき》、アルバートは、チューリヒ大学《だいがく》にむかえられることになりました。

７年間《ねんかん》つとめたベルンの特許局《とっきょきょく》を退職《たいしょく》し、青春《せいしゅん》をすごした町《まち》、チューリヒに、ふた

たびもどっていくのです。さびしくもあり、うれしくもあり。かれは、妻《つま》とおさない長男《ちょうなん》とともに複雑《ふくざつ》な思《おも》いで、ベルンの町《まち》をあとにしました。

チューリヒ大学《だいがく》で、アルバートは、たいへん人気《にんき》のある先生《せんせい》となりました。

熱心《ねっしん》なわかい学生《がくせい》たちを、ていねいに指導《しどう》し、兄《あに》のようにしたわれました。

授業《じゅぎょう》が始《はじ》まるまえには、かならず、

「なにか、質問《しつもん》は？」

と、たずねるのが決《き》まりで、どんなかんたんな問《と》いにも、ていねいに答《こた》えたものです。

『特殊相対性理論《とくしゅそうたいせいりろん》』を発表《はっぴょう》した有名人《ゆうめいじん》でもありましたから、教授仲間《きょうじゅなかま》からも、じゅうぶん尊敬《そんけい》されていました。

けれども、かれはけっして、いばりませんでした。

「アインシュタイン助教授《じょきょうじゅ》は、学長《がくちょう》にも、雑用《ざつよう》をする女性《じょせい》にも、同《おな》じように、誠実《せいじつ》な接《せっ》し方《かた》をする。」

と、評判《ひょうばん》になりました。

そのいっぽう、かれは教授会《きょうじゅかい》をはじめ、学問以外《がくもんいがい》のことにむだな時間《じかん》をさくのを、とてもいやがりました。

当時《とうじ》はとくに、『特殊相対性理論《とくしゅそうたいせいりろん》』を深《ふか》めることに必死《ひっし》だったからです。

その結果《けっか》、心《こころ》ない人《ひと》たちからは、ひそかに「変《か》わり者《もの》」だとか、つきあいにくい人《ひと》だ、と言《い》われることになりました。

こんなアルバートを、かげでささえていたのが、ミレーバ夫人《ふじん》でした。

チューリヒ大学《だいがく》の先生《せんせい》といえば、社会的《しゃかいてき》にかなり高《たか》い地位《ちい》ですが、収入《しゅうにゅう》のほうは、ベルン時代《じだい》とくらべ、それほどふえたわけではありません。

ところが、支出《ししゅつ》はずっと多《おお》いのです。

大学《だいがく》の先生《せんせい》という体面《たいめん》を保《たも》つためには、なにかと費用《ひよう》がかかるのでした。

１９１０年《ねん》には次男《じなん》のエドワルドが生《う》まれ、生活《せいかつ》はさらに苦《くる》しくなりました。

しかたなく、夫人《ふじん》は学生《がくせい》を下宿《げしゅく》させ、家計《かけい》の助《たす》けにしていました。

3 科学《かがく》の巨人《きょじん》、世界《せかい》をめぐる

スイスからオーストリア、そしてドイツへ

1911年《ねん》、アルバートは、チューリヒ大学《だいがく》から、プラハ大学《だいがく》にうつります。

32歳《さい》のときでした。

プラハは現在《げんざい》、東《ひがし》ヨーロッパのチェコの首都《しゅと》ですが、当時《とうじ》はオーストリア領《りょう》の町《まち》でした。

今度《こんど》の地位《ちい》は正教授《せいきょうじゅ》です。

わたしたちも、ここからは『アインシュタイン博士《はかせ》』とよぶことにしましょう。

収入《しゅうにゅう》もかなりよくなっています。

大学《だいがく》には、素直《すなお》で優秀《ゆうしゅう》な学生《がくせい》がたくさんいました。

けれども、この美《うつく》しい古都《こと》で、アインシュタイン博士《はかせ》は、民族間《みんぞくかん》のはげしい争《あらそ》いに直面《ちょくめん》したのです。

ドイツ系《けい》の人《ひと》びととチェコ系《けい》の人《ひと》びとが、ことあるごとに反発《はんぱつ》しあい、ドイツ系《けい》のユダヤ人《じん》たちは、板《いた》ばさみにあって、ひじょうにつらい思《おも》いをしています。チェコ系《けい》の人《ひと》たちは、一日《いちにち》も早《はや》くオーストリアから独立《どくりつ》しようとしていたのです。

国籍《こくせき》はスイスでも、じつはドイツ系《けい》ユダヤ人《じん》のひとりであるアインシュタイン博士《はかせ》は、自分《じぶん》の立場《たちば》を、いやというほど考《かんが》えさせられました。

けれども、東《ひがし》ヨーロッパのハンガリー生《う》まれのミレーバ夫人《ふじん》のほうが、もっとつらい思《おも》いだったのかもしれません。

チューリヒ工科大学《こうかだいがく》から正教授《せいきょうじゅ》の申《もう》し出《で》があると、ぜったいことわらないでと、アルバートにたのみこみました。

けっきょく博士《はかせ》は、この大学《だいがく》に1年《ねん》いただけで、チューリヒに帰《かえ》ることになります。

有名《ゆうめい》なアインシュタイン教授《きょうじゅ》が、たった1年《ねん》でやめてしまったことで、プラハの町《まち》では、いろいろなうわさが流《なが》れました。

ユダヤ人《じん》ということでいじめられたのではないか？　名声《めいせい》をねたまれ、いやな思《おも》いをしたのではないか？

これを聞《き》いたアインシュタイン博士《はかせ》は、スイスに帰《かえ》るとすぐ、プラハ大学《だいがく》の学長《がくちょう》あてに、たいへんていねいなお礼状《れいじょう》を書《か》きました。そして、大学《だいがく》で教《おし》えているあいだ、うわさのようなことは、ひとつもなかったと否定《ひてい》しています。この手紙《てがみ》にプラハ大学《だいがく》の学長《がくちょう》は、とても感激《かんげき》しました。

こうして1912年《ねん》、博士《はかせ》は、母校《ぼこう》チューリヒ工科大学《こうかだいがく》の正教授《せいきょうじゅ》に就任《しゅうにん》しました。フランスの大科学者《だいかがくしゃ》ポアンカレ［1］と、ポーランド生《う》まれで、ふたつのノーベル賞《しょう》にかがやく物理学者《ぶつりがくしゃ》キュリー夫人《ふじん》の強力《きょうりょく》な推薦《すいせん》によるものでした。

入試《にゅうし》に失敗《しっぱい》し、1年入学《ねんにゅうがく》を待《ま》たされた学校《がっこう》、卒業後《そつぎょうご》は、助手《じょしゅ》にさえやとってくれなかった学校《がっこう》に、かれはいま、世界的《せかいてき》に有名《ゆうめい》な物理学者《ぶつりがくしゃ》として、もどってきたのです。

けれども、アインシュタイン博士《はかせ》にとって、名声《めいせい》は二《に》の次《つぎ》でした。なんといっても、チューリヒはなつかしい青春《せいしゅん》の町《まち》。そして、工科大学《こうかだいがく》の教授《きょうじゅ》のなかに、親友《しんゆう》のマルセル・グロスマンがいたのです。

そう、大学時代《だいがくじだい》にノートを貸《か》してくれ、特許局《とっきょきょく》への就職《しゅうしょく》にも力《ちから》になってくれた、あのグロスマンです。

博士《はかせ》は、学問上《がくもんじょう》の相談《そうだん》ができる親友《しんゆう》に再会《さいかい》して、大喜《おおよろこ》びしました。

このとき、かれは、わずか33歳《さい》でしたが、国際的《こくさいてき》な名声《めいせい》は、日《ひ》ましに高《たか》まっていきました。

[1] 1854~1912年《ねん》。フランスの数学者《すうがくしゃ》、物理学者《ぶつりがくしゃ》。数学《すうがく》の広《ひろ》い分野《ぶんや》で新《あたら》しい定《てい》義《ぎ》を発見《はっけん》したり、太陽系《たいようけい》の形成《けいせい》と進化《しんか》について研究《けんきゅう》したりした。1904年《ねん》に発表《はっぴょう》した「ポアンカレ予想《よそう》」は、2000年《ねん》に解《と》いた人《ひと》に約《やく》1億円《おくえん》があたえられるという懸賞金《けんしょうきん》がつき、100年後《ねんご》の2003年《ねん》に、ロシアの数学者《すうがくしゃ》ペレルマンによって証明《しょうめい》された。

30代《だい》に入《はい》ってからは、しょっちゅう、いろいろな国《くに》の会議《かいぎ》や講演《こうえん》にまねかれるようにもなっていました。

ここでは、物理学者《ぶつりがくしゃ》の名誉《めいよ》といわれる「ソルベイ会議《かいぎ》」に招待《しょうたい》されたお話《はなし》をしましょう。

「ソルベイ会議《かいぎ》」は、ベルギー人《じん》の大富豪《だいふごう》エルネスト・ソルベイ（1838〜1922年《ねん》）によって始《はじ》められた、物理学者《ぶつりがくしゃ》たちの大懇親会《だいこんしんかい》です。

ソルベイは、もともと化学者《かがくしゃ》で、食塩《しょくえん》から炭酸《たんさん》ソーダをつくる『ソルベイ法《ほう》』を発《はっ》明《めい》し、莫大《ばくだい》な財産《ざいさん》をきずきました。

かれは、趣味《しゅみ》で古典物理学《こてんぶつりがく》を研究《けんきゅう》していたのですが、あるとき、世界《せかい》でも一流《いちりゅう》の物《ぶつ》理学者《りがくしゃ》たちを自分《じぶん》の住《す》むブリュッセルに招待《しょうたい》し、その話《はなし》を聞《き》きたいものだと考《かんが》えました。そして、それを実行《じっこう》したのです。

「ソルベイ会議《かいぎ》」は、ソルベイが亡《な》くなったいまもつづけられていて、日本《にっぽん》からも優《ゆう》秀《しゅう》な物理学者《ぶつりがくしゃ》たちが何人《なんにん》も招待《しょうたい》されています。

1911年《ねん》、当時《とうじ》はプラハ大学教授《だいがくきょうじゅ》だったアルバート・アインシュタインのもとにも、招待状《しょうたいじょう》が送《おく》られてきました。

かれはよろこんで出席《しゅっせき》し、出席者全員《しゅっせきしゃぜんいん》から、率直《そっちょく》で、ユーモアあふれる人柄《ひとがら》を気《き》にいられたのです。

ポアンカレやキュリー夫人《ふじん》とはじめて、ゆっくり話《はな》しあったのも、この会議《かいぎ》でした。

2年後《ねんご》の1913年《ねん》には、ドイツ皇帝《こうてい》の命令《めいれい》でベルリンに設立《せつりつ》された「カイザー・ウィルヘルム協会《きょうかい》」の物理学研究所長《ぶつりがくけんきゅうじょちょう》としてまねかれ、ベルリン大学《だいがく》の教授《きょうじゅ》にも任命《にんめい》されました。

そこでは、授業《じゅぎょう》をする義務《ぎむ》はなく、そのうえ、おどろくほど高《たか》い報酬《ほうしゅう》が出《で》ます。

これで、研究《けんきゅう》に専念《せんねん》できると、アインシュタイン博士《はかせ》は大喜《おおよろこ》びしました。

おまけに「プロイセン・科学《かがく》アカデミー」の会員《かいいん》にも、推薦《すいせん》されていました。

「プロイセン・科学《かがく》アカデミー」とは、日本《にっぽん》なら学士院《がくしいん》のような団体《だんたい》です。年齢《ねんれい》を重《かさ》ね、名誉《めいよ》もある第一級《だいいっきゅう》の学者《がくしゃ》が勢《せい》ぞろいしているのです。いくら世界的《せかいてき》な名声《めいせい》があるとはいえ、わずか34歳《さい》の学者《がくしゃ》を会員《かいいん》にするのは、異例中《いれいちゅう》の異例《いれい》でした。

アルバート・アインシュタインはいま、学者《がくしゃ》として絶頂期《ぜっちょうき》をむかえつつありました。

けれどもその家庭《かてい》は、大《おお》きな問題《もんだい》をかかえていたのです。だいぶまえから気《き》が合《あ》わなくなっていたミレーバ夫人《ふじん》は、ドイツに行《い》くことを、たいへんいやがりました。

けっきょく、夫妻《ふさい》は1914年《ねん》に別居《べっきょ》し、1919年《ねん》のはじめには正式《せいしき》に離婚《りこん》します。

ふたりの男《おとこ》の子《こ》は、その後《ご》も、ミレーバ夫人《ふじん》とともに、チューリヒでくらすことになりました。

『特殊《とくしゅ》』から『一般《いっぱん》』へ

1905年《ねん》に発表《はっぴょう》された『特殊相対性理論《とくしゅそうたいせいりろん》』には、

「ひたすら同《おな》じ向《む》きに、一定《いってい》の速《はや》さで動《うご》いている、ふたつのものの間《あいだ》では……。」

という条件《じょうけん》がついていました。

『特殊《とくしゅ》……』と名《な》づけられたのは、そういうわけなのです。

アインシュタイン博士《はかせ》は、『特殊相対性理論《とくしゅそうたいせいりろん》』を発表《はっぴょう》した直後《ちょくご》から、ここに重力《じゅうりょく》の問題《もんだい》を組《く》みこんで、もっと一般性《いっぱんせい》の高《たか》い理論《りろん》（『一般相対性理論《いっぱんそうたいせいりろん》』）にしようと、研究《けんきゅう》を重《かさ》ねていました。

そんなある日《ひ》。まだかれが、プラハ大学《だいがく》で教《おし》えていたときのことです。

以前《いぜん》、思《おも》いついたアイディアが、ふとまた、頭《あたま》にうかびました。

博士《はかせ》はさっそく、なかよしの数学者《すうがくしゃ》、ゲオルグ・ピック教授《きょうじゅ》［2］をつかまえると、質問《しつもん》しました。

「ねえきみ。ぼくがリンゴを持《も》って、エレベーターに乗《の》っているとするよ。そのとき、とつぜん、エレベーターのつなが切《き》れた。ぼくはリンゴを手《て》からはなした。さあ、このリンゴ、どうなると思《おも》う?」

「……そりゃ落《お》ちるだろ。」

ピック教授《きょうじゅ》は、すぐに答《こた》えました。

「おや、そうかい。そんなにかんたんに答《こた》えていいのかな?」

ピック教授《きょうじゅ》は、もう一度《いちど》考《かんが》えました。

[2] 1859~1942年《ねん》。オーストリアの数学者《すうがくしゃ》。ユダヤ人《じん》の家庭《かてい》に生《う》まれる。16歳《さい》でウイーン大学《だいがく》に入学《にゅうがく》した。1899年《ねん》に発表《はっぴょう》した「ピックの定理《ていり》」が有名《ゆうめい》。アインシュタインが一般相対性理論《いっぱんそうたいせいりろん》をきずくとき、重要《じゅうよう》なアドバイスをあたえている。バイオリンがすきで、アインシュタインとよく演奏《えんそう》をした。戦争中《せんそうちゅう》、ナチスの強制収容所《きょうせいしゅうようじょ》で亡《な》くなる。

「あ、なるほど。うくか。リンゴは、ふわふわうく。リンゴもエレベーターも、同《おな》じ加速度《かそくど》で落《お》ちていて、しかもエレベーターの中《なか》は、無重力状態《むじゅうりょくじょうたい》だからね。」

「そのとおり。では、同《おな》じエレベーターの中《なか》で、今度《こんど》は、光《ひかり》を床《ゆか》と平行《へいこう》に発射《はっしゃ》することにしよう。これをエレベーターの外《そと》から観察《かんさつ》すると、どんなふうに見《み》えるかね？」

ピック教授《きょうじゅ》、今度《こんど》は、慎重《しんちょう》に考《かんが》えると、こう言《い》いました。

「光《ひかり》は放物線《ほうぶつせん》をえがいて、落《お》ちていくように見《み》えるはずだよ。そうだろ？」

「正解《せいかい》だ。でも、理由《りゆう》は？」

「こらこら、物理学者《ぶつりがくしゃ》。数学者《すうがくしゃ》をばかにしては、いかんぞ。」

ピック教授《きょうじゅ》は笑《わら》うと、こう答《こた》えました。

「つまりだね、光《ひかり》が反対側《はんたいがわ》のかべに着《つ》くあいだにも、エレベーターはどんどん下《さ》がっているからだ。ちがうかね？」

「そのとおりだよ、数学者君《すうがくしゃくん》。光《ひかり》は、無重力状態《むじゅうりょくじょうたい》では直進《ちょくしん》する。そして、重力《じゅうりょく》がかかると、曲《ま》がるんだよ。」

「光《ひかり》が曲《ま》がるか！　常識《じょうしき》では、はかれない考《かんが》えだな。」

ピック教授《きょうじゅ》は、ため息《いき》をつきました。

「観測写真《かんそくしゃしん》でも見《み》せてもらえば、納得《なっとく》するかもしれないがねえ。」

「観測写真《かんそくしゃしん》か！　それなら、いい考《かんが》えがあるぞ。」

アインシュタイン博士《はかせ》は、ぱっと顔《かお》をかがやかせました。

そして、1913年《ねん》、ウィーンで開《ひら》かれた物理学会《ぶつりがくかい》で、次《つぎ》のような主張《しゅちょう》を発表《はっぴょう》したのです。
○星《ほし》から来《く》る光《ひかり》は、太陽《たいよう》のそばを通《とお》るとき、太陽《たいよう》の重力《じゅうりょく》によって曲《ま》がる。その証拠《しょうこ》には、地球《ちきゅう》から観察《かんさつ》すると、星《ほし》の位置《いち》がずれているように見《み》えるはずである。
さて重力《じゅうりょく》とはなんでしょう？　リンゴが枝《えだ》から落《お》ちるところを見《み》て、ニュートンは万有引力《ばんゆういんりょく》の法則《ほうそく》を発見《はっけん》しました。これは、3次元空間《じげんくうかん》での重力《じゅうりょく》の説明《せつめい》でもあります。

けれどもニュートンは大発見《だいはっけん》に満足《まんぞく》せず、これでは説明《せつめい》がつかないことがかならず出《で》てくる、と思《おも》っていました。すると、約《やく》250年後《ねんご》、アインシュタイン博士《はかせ》が『一般《いっぱん》相対性理論《そうたいせいりろん》』を発表《はっぴょう》。4次元《じげん》の世界《せかい》（3次元空間《じげんくうかん》プラス時間《じかん》）の中《なか》での重力《じゅうりょく》を解釈《かいしゃく》しようとしたのです。博士《はかせ》は地球《ちきゅう》が太陽《たいよう》のまわりを公転《こうてん》するのは、太陽《たいよう》がそのまわりの宇《う》宙空間《ちゅうくうかん》をゆがめ、そのゆがみにそって地球《ちきゅう》が公転《こうてん》していると考《かんが》えました。そして、1913年《ねん》のこの学会《がっかい》で、光《ひかり》はこの空間《くうかん》のゆがみにそって進《すす》もうとするため、曲《ま》がるのだ、と主張《しゅちょう》しました。

「しかし、アインシュタイン博士《はかせ》……。」

と、だれかが反発《はんぱつ》しました。

「光《ひかり》には、つねに最短距離《さいたんきょり》を進《すす》む性質《せいしつ》があるはずですよ。だから直進《ちょくしん》するんでしょう？」

「では、逆《ぎゃく》から考《かんが》えてみてください。」

アインシュタイン博士《はかせ》は、落《お》ちついてつづけました。

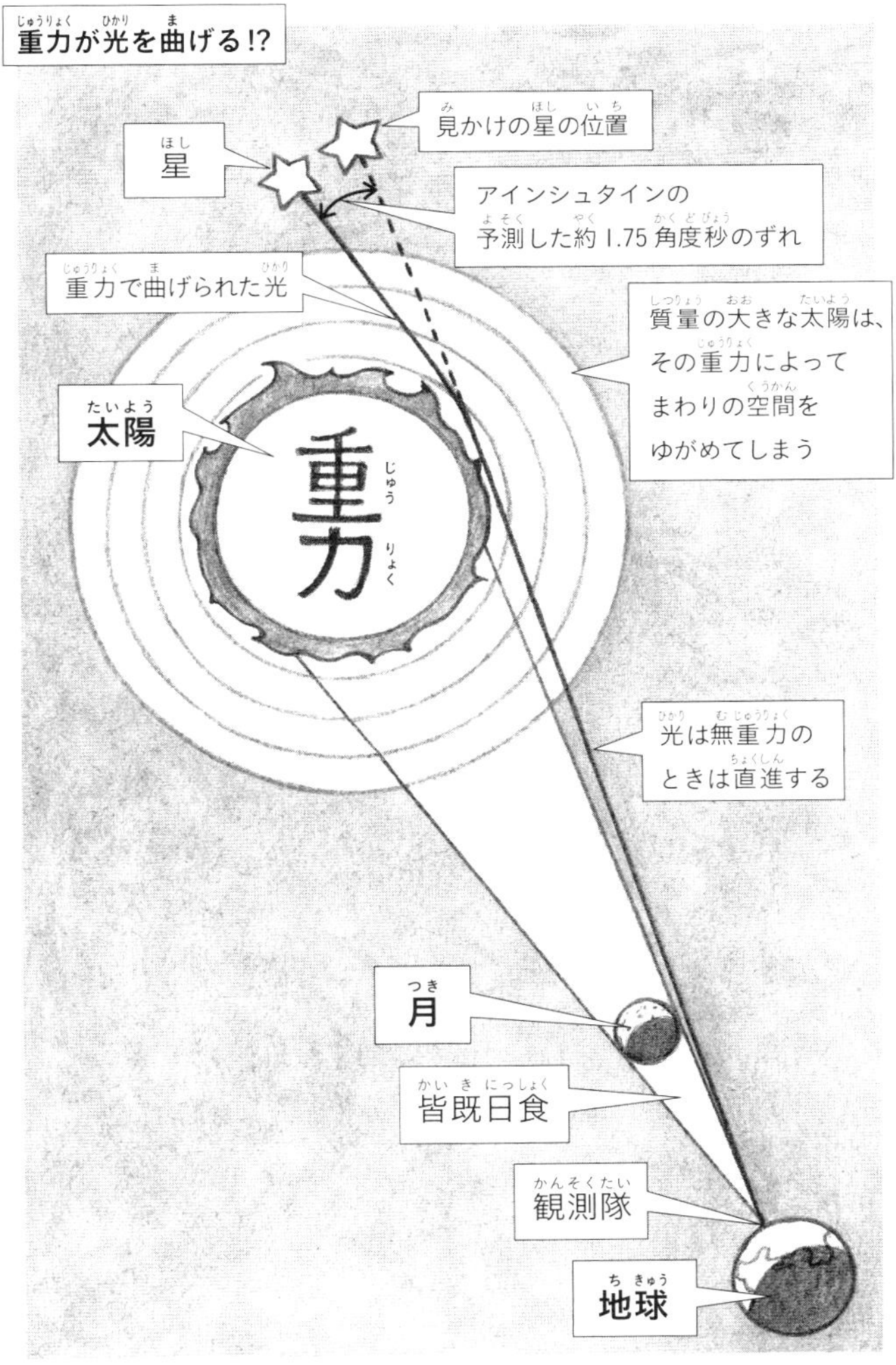

重力《じゅうりょく》が光《ひかり》を曲《ま》げる!?
見《み》かけの星《ほし》の位置《いち》
星《ほし》
アインシュタインの
予測《よそく》した約《やく》1.75角度秒《かくどびょう》のずれ
重力《じゅうりょく》で曲《ま》げられた光《ひかり》
質量《しつりょう》の大《おお》きな太陽《たいよう》は、
その重力《じゅうりょく》によって
まわりの空間《くうかん》を
ゆがめてしまう
太陽《たいよう》
重《じゅう》
力《りょく》
光《ひかり》は無重力《むじゅうりょく》の
ときは直進《ちょくしん》する
月《つき》
皆既日食《かいきにっしょく》
観測隊《かんそくたい》
地球《ちきゅう》

「つねに最短距離《さいたんきょり》を進《すす》む光《ひかり》が、曲《ま》がるということは？　空間《くうかん》そのものが、曲《ま》がっているということではありませんか？」

「空間《くうかん》が、曲《ま》がっている？」

おどろく出席者《しゅっせきしゃ》たちに、アインシュタイン博士《はかせ》は、こう説明《せつめい》しました。

「太陽《たいよう》や月《つき》や星《ほし》は、それぞれが重力《じゅうりょく》をもち、空間《くうかん》をゆがめています。」

アインシュタイン博士《はかせ》はつづけました。

「ニュートンは、地球《ちきゅう》は、太陽《たいよう》の引力《いんりょく》に引《ひ》きつけられて公転《こうてん》していると考《かんが》えました。でも、わたしの意見《いけん》はちがうのです。地球《ちきゅう》は、太陽《たいよう》の重力《じゅうりょく》で曲《ま》がった空間《くうかん》の中《なか》で、最短距離《さいたんきょり》を進《すす》もうとした結果《けっか》、太陽《たいよう》のまわりを公転《こうてん》することになったのではないでしょうか。」

「そんなばかな！」

「想像《そうぞう》のしすぎだ！」

「証拠《しょうこ》を見《み》せろ。」

会場《かいじょう》は騒然《そうぜん》となりました。

博士《はかせ》は、みんなをしずめると、言《い》いました。

「今度《こんど》の皆既日食《かいきにっしょく》（太陽《たいよう》が、月《つき》にすっかりかくれる現象《げんしょう》）のとき、太陽近《たいようちか》くの写真《しゃしん》をとってみていただきたい。星々《ほしぼし》が、普通《ふつう》の夜《よる》に観測《かんそく》される位置《いち》より、横《よこ》にずれてうつるはずです。

それこそ、光《ひかり》の通《とお》る道《みち》が曲《ま》がる、という証明《しょうめい》になりませんか。」

そして、大胆《だいたん》にも、光《ひかり》が曲《ま》がる角度《かくど》まで予言《よげん》してみせたのです。

「約《やく》0・87角度秒《かくどびょう》［3］……光《ひかり》はこの角度《かくど》だけ、曲《ま》がるはずです。」

いならぶ学者《がくしゃ》たちは、みな、目《め》をみはりました。

「……で、今度《こんど》の日食《にっしょく》は、いつになります？」


［3］角度秒《かくどびょう》は角度《かくど》を表《あらわ》す単位《たんい》。1角度秒《かくどびょう》は、1度《ど》の3600分《ぶん》の1にあたる。

議長《ぎちょう》がきくと、アインシュタインは、そくざに答《こた》えました。

「来年《らいねん》、1914年《ねん》ですよ。」

学者《がくしゃ》たちは、すぐさま日食観測隊《にっしょくかんそくたい》を組織《そしき》し、皆既日食《かいきにっしょく》がよく観察《かんさつ》できるロシアへ送《おく》ることを決定《けってい》しました。

ところが、それからまもなく、第一次世界大戦《だいいちじせかいたいせん》が始《はじ》まったのです。

このとき、ロシアに送《おく》られた観測隊《かんそくたい》は全員《ぜんいん》、ロシア軍《ぐん》の捕虜《ほりょ》となってしまいました。

たしかめられた『相対性理論《そうたいせいりろん》』

1914年《ねん》8月《がつ》。

ドイツ、イギリス、ロシア、フランスが始《はじ》めた戦争《せんそう》は、ヨーロッパの国々《くにぐに》を、つぎつぎと戦渦《せんか》にまきこむ大戦《たいせん》になっていきました。

ドイツでは、有名《ゆうめい》な科学者《かがくしゃ》や芸術家《げいじゅつか》たちはみな、政府《せいふ》から、ほとんど強制的《きょうせいてき》に、戦《せん》争賛成《そうさんせい》の声明書《せいめいしょ》に署名《しょめい》させられました。

もちろん、有名《ゆうめい》なアインシュタイン博士《はかせ》にも、声《こえ》はかかりました。

けれども、かれはスイス国民《こくみん》だということを口実《こうじつ》に、署名《しょめい》をことわってしまいました。

当時《とうじ》ドイツは連戦連勝《れんせんれんしょう》でしたから、アインシュタインは、いろいろな人《ひと》から、はげしい非難《ひなん》を受《う》けました。

けれども、かれにとっては、どんな戦争《せんそう》であれ、みとめることはできなかったのです。

「人《ひと》と人《ひと》とが殺《ころ》しあうのは、たえられない。愛《あい》しあう人《ひと》びとを引《ひ》きさく戦争《せんそう》は、にくむべきだ。」

と、何人《なんにん》もの友人《ゆうじん》に書《か》きおくっています。

1915年《ねん》には、ある平和主義者《へいわしゅぎしゃ》がよびかけた「戦争《せんそう》に反対《はんたい》し、平和《へいわ》なヨーロッパをとりもどそう。」という宣言《せんげん》に、署名《しょめい》しました。

その後《ご》は、一生《いっしょう》をかけて、世界平和《せかいへいわ》のための運動《うんどう》をつづけていきます。

やがて、ドイツが負《ま》けだすと、アインシュタイン博士《はかせ》の住《す》むベルリンでも、物価《ぶっか》がどんどん上《あ》がり、お金《かね》の価値《かち》は下《さ》がり、食糧《しょくりょう》は日々《ひび》、不足《ふそく》していきました。

ひとりぐらしの博士《はかせ》にも、くらしづらい日々《ひび》が始《はじ》まりました。

町《まち》のレストランの、そまつな料理《りょうり》を食《た》べながら、かれは、ねばり強《づよ》く毎日研究《まいにちけんきゅう》をつづけ、1915年《ねん》、ついに『一般相対性理論《いっぱんそうたいせいりろん》』を完成《かんせい》させたのです。同時《どうじ》に、光《ひかり》の曲《ま》がり方《かた》が、以前《いぜん》に予言《よげん》した値《あたい》の2倍《ばい》にあたる1・75角度秒《かくどびょう》になることに気《き》づきました。この値《あたい》が正《ただ》しければ、この理論《りろん》は正《ただ》しいと証明《しょうめい》されます。

博士《はかせ》はもう、くたくたでした。

論文《ろんぶん》を出《だ》した直後《ちょくご》から、体調《たいちょう》をくずし、1917年《ねん》には、ついに、どっとねこんでしまいます。

そんな博士《はかせ》を、つきっきりで看病《かんびょう》してくれたのが、いとこのエルザ・レーベンタールでした。

小《ちい》さいときによく遊《あそ》んだエルザは、離婚《りこん》して、ベルリンの実家《じっか》に帰《かえ》っていたのです。

博士《はかせ》が回復《かいふく》するころには、ふたりはすっかり親《した》しくなっていました。

やがて1918年《ねん》11月《がつ》、ドイツが降伏《こうふく》し、戦争《せんそう》は終《お》わります。

アインシュタインとエルザは、1919年《ねん》の6月《がつ》に結婚《けっこん》しました。

夫《おっと》は40歳《さい》。妻《つま》は、43歳《さい》でした。

この結婚《けっこん》で、アインシュタインの生活《せいかつ》は、一変《いっぺん》しました。気楽《きらく》な独身者《どくしんしゃ》から、ふたたび一家《いっか》のあるじにもどったのです。

大《おお》きな娘《むすめ》も、ふたりできました。

エルザ夫人《ふじん》の連《つ》れ子《ご》で、イルゼとマルゴットという美《うつく》しい姉妹《しまい》です。

また、この機会《きかい》に、年老《としお》いたお母《かあ》さんを引《ひ》きとることになりました。

アインシュタインは、娘《むすめ》たちを心《こころ》からかわいがり、エルザ夫人《ふじん》は、家族《かぞく》の面倒《めんどう》を、たいへんよくみました。

温《あたた》かな家族《かぞく》にささえられ、かれは、ますます熱心《ねっしん》に、研究《けんきゅう》にはげみます。

1919年《ねん》5月《がつ》には、皆既日食《かいきにっしょく》がまた、めぐってきます。

アインシュタインの学説《がくせつ》は、ほんとうにたしかめられるのでしょうか？

このことにいちばん熱心《ねっしん》な興味《きょうみ》をしめしていたのが、イギリスの学者《がくしゃ》たちでした。

イギリスでは、まだ戦争中《せんそうちゅう》だった1917年《ねん》、王立天文学会《おうりつてんもんがっかい》と王立科学協会《おうりつかがくきょうかい》によって、日食観測隊《にっしょくかんそくたい》が任命《にんめい》されました。

そして、終戦《しゅうせん》になるとすぐ、観測隊《かんそくたい》を派遣《はけん》することを、全世界《ぜんせかい》に向《む》けて発表《はっぴょう》したのです。

この年《とし》の日食《にっしょく》は、アフリカから南米《なんべい》にかけて見《み》られることになっていました。

1919年《ねん》2月《がつ》には、有名《ゆうめい》な天文学者《てんもんがくしゃ》のスタンレイ・エディントン卿《きょう》を隊長《たいちょう》とする一行《いっこう》が、西《にし》アフリカのギニア湾《わん》にあるプリンシペ島《とう》へ出発《しゅっぱつ》しました。もうひとつのグループは、南米《なんべい》ブラジルの都市《とし》ソブラルへ向《む》かいました。

終戦後《しゅうせんご》、まもないころのことです。

イギリス国民《こくみん》のなかには、

「大金《たいきん》をかけて『敵国《てきこく》』ドイツの科学者《かがくしゃ》の予言《よげん》を、たしかめてやる必要《ひつよう》はないだろう。」

と、批判《ひはん》する声《こえ》も、多《おお》くありました。

けれども、科学《かがく》を愛《あい》する心《こころ》に、国境《こっきょう》はなかったのです。

さて、日食《にっしょく》の当日《とうじつ》、プリンシペ島《とう》の天候《てんこう》はくもり。それでもエディントン卿《きょう》はなんとか太陽《たいよう》と数個《すうこ》の星《ほし》がうつった写真《しゃしん》をとることに成功《せいこう》しました。

ブラジルでは、幸運《こううん》にも質《しつ》のいい写真《しゃしん》が多数《たすう》とれました。

いっぽうロンドンでは、普通《ふつう》の夜《よる》にとった星空《ほしぞら》の写真《しゃしん》を用意《ようい》して、待《ま》ちかまえていました。

こうして、1919年《ねん》11月《がつ》6日《むいか》。

ロンドンの王立科学協会講堂《おうりつかがくきょうかいこうどう》で、観測結果《かんそくけっか》についての発表《はっぴょう》が行《おこな》われたのです。

「では、発表《はっぴょう》いたします。」

各国《かっこく》の有名《ゆうめい》な科学者《かがくしゃ》や新聞記者《しんぶんきしゃ》たちが、かたずをのんで見守《みまも》るなか、王立科学協会《おうりつかがくきょうかい》会長《かいちょう》のトムソン博士《はかせ》が、高《たか》らかに宣言《せんげん》しました。

「みなさん、アルバート・アインシュタイン博士《はかせ》は、じつにみごとな予測《よそく》を立《た》てられました。これをごらんください。」

トムソン博士《はかせ》は、日食観測隊《にっしょくかんそくたい》がとってきた写真《しゃしん》を、人《ひと》びとの前《まえ》にかかげました。

「ごらんのとおり、星《ほし》の光《ひかり》は1・64角度秒《かくどびょう》、曲《ま》がっております。」

アインシュタイン博士《はかせ》の予測《よそく》は約《やく》1・75角度秒《かくどびょう》ですから、ほぼ正確《せいかく》です。ときならぬ拍手《はくしゅ》のうずが、会場《かいじょう》をつつみました。

「これで、アインシュタイン博士《はかせ》の『相対性理論《そうたいせいりろん》』は、正《ただ》しいと証明《しょうめい》されました。博士《はかせ》こそ、われらがニュートン卿《きょう》に代《か》わる、世界一《せかいいち》の科学者《かがくしゃ》であります。」

拍手《はくしゅ》がいちだんと大《おお》きくなりました。

スーパー・スター教授《きょうじゅ》の誕生《たんじょう》

次《つぎ》の日《ひ》から、全世界《ぜんせかい》の新聞《しんぶん》が『相対性理論《そうたいせいりろん》』の記事《きじ》で、もちきりとなりました。

「『相対性理論《そうたいせいりろん》』証明《しょうめい》される。」

「科学《かがく》の大革命《だいかくめい》！」

「ニュートンは、まちがっていた！」

物理学者《ぶつりがくしゃ》アルバート・アインシュタインは、一夜《いちや》にして、世界《せかい》のスーパー・スターになったのです。

学者《がくしゃ》たちはもちろん、普通《ふつう》なら物理《ぶつり》などに関心《かんしん》をもちそうもない大人《おとな》や、子《こ》どもたちまでが、この大科学者《だいかがくしゃ》に興味《きょうみ》をもちました。

新聞《しんぶん》、雑誌《ざっし》には、毎日《まいにち》のように「アインシュタイン」という名前《なまえ》がのるようになりました。

もしゃもしゃ髪《がみ》に口《くち》ひげをたくわえた、おなじみの顔《かお》が、雑誌《ざっし》の表紙《ひょうし》をかざり、『相対性《そうたいせい》』という名《な》のたばこが、とぶように売《う》れました。

博士《はかせ》の家《いえ》には毎日《まいにち》、世界中《せかいじゅう》からのファンレターが、山《やま》のようにとどきます。

どこへ行《い》くにも、新聞記者《しんぶんきしゃ》やカメラマンや、やじうまが追《お》いかけてくるのです。

かれらは、けっして、むずかしい『相対性理論《そうたいせいりろん》』（『相対論《そうたいろん》』ともいわれます。）を理《り》解《かい》したいと思《おも》っているのではありません。

有名《ゆうめい》なアインシュタイン博士《はかせ》を、ひと目《め》でも見《み》たいというだけなのです。

「世《よ》の中《なか》、どうかしてるんじゃないのかね。」

アインシュタイン博士《はかせ》は、ため息《いき》をつき、新聞《しんぶん》に、こんな皮肉《ひにく》な文章《ぶんしょう》をよせました。

「わたしについて書《か》かれた記事《きじ》を、いつも興味深《きょうみぶか》く拝見《はいけん》しています。新聞記者《しんぶんきしゃ》とは、たいへんな想像力《そうぞうりょく》の持《も》ち主《ぬし》なのですね。」

また、

「ニュートンは、まちがっていた！」とか、

「これで、ニュートンもおしまいだ。」

などと書《か》いた記事《きじ》に対《たい》して、

「わたしの理論《りろん》によって、ニュートンの偉大《いだい》な発見《はっけん》が、すべて無意味《むいみ》になったと思《おも》ってはいけません。」

と、いましめています。

なぜなら、アインシュタインの発見《はっけん》は、天文学的《てんもんがくてき》なものだからです。日常生活《にちじょうせいかつ》のレベルでは、『万有引力《ばんゆういんりょく》の法則《ほうそく》』をはじめ、じゅうぶん、ニュートンの理論《りろん》がなりたっているのです。

さて『相対性理論《そうたいせいりろん》』が証明《しょうめい》され、国際的名誉《こくさいてきめいよ》を得《え》たアインシュタイン博士《はかせ》ですが、ドイツでの評判《ひょうばん》は、かならずしもよくありませんでした。

その理由《りゆう》はただひとつ。かれがユダヤ人《じん》だったからです。

第一次世界大戦《だいいちじせかいたいせん》の終戦直後《しゅうせんちょくご》、ドイツ国内《こくない》では、負《ま》けたのはユダヤ人《じん》が協力《きょうりょく》しなかっ

たせいだ、と思《おも》いたがる人《ひと》が多《おお》くなっていました。かれらは、アインシュタインを、ユダヤ人《じん》の代表《だいひょう》のように、にくんだのです。

「反《はん》アインシュタイン協会《きょうかい》」という奇妙《きみょう》な団体《だんたい》が結成《けっせい》され、わけもわからず『相対性《そうたいせい》理論《りろん》』を批判《ひはん》する本《ほん》が、つぎつぎと出版《しゅっぱん》されました。

そのいっぽう、世界各国《せかいかっこく》の大学《だいがく》からは、ぜひ『相対性理論《そうたいせいりろん》』について講演《こうえん》してほしいと、招待《しょうたい》が殺到《さっとう》していました。

国内《こくない》にいて、ばかばかしい論争《ろんそう》にまきこまれるのをおそれたアインシュタインは、しばらく、ドイツをはなれることにしました。

まずは1920年《ねん》、オランダのライデン大学《だいがく》で講演《こうえん》を行《おこな》います。翌《よく》1921年《ねん》には、なつかしいプラハ大学《だいがく》を訪問《ほうもん》し、その帰《かえ》りにウィーンへ回《まわ》りました。

かれは、行《ゆ》く先《さき》ざきで、大歓迎《だいかんげい》され、同《おな》じような質問《しつもん》を受《う》けました。

たとえば、

「1、『相対性理論《そうたいせいりろん》』を、一言《ひとこと》で説明《せつめい》してください。」とか、

「2、『相対性理論《そうたいせいりろん》』を、ほんとうに理解《りかい》できる人《ひと》は、世界《せかい》に10人《にん》もいないというのは、ほんとうですか？」とか、

「3、こんなむずかしい理論《りろん》に、普通《ふつう》の人《ひと》たちが、こんなにも夢中《むちゅう》になるのは、なぜだとお思《おも》いですか？」

というものです。

アインシュタインは、こういう面倒《めんどう》な質問《しつもん》に、ユーモアをもって答《こた》えました。

「1の答《こた》えは……まあ、こんなふうになるでしょう。いままでの理論《りろん》では、もし宇宙《うちゅう》からすべてのものが消《き》えてしまっても、時間《じかん》と空間《くうかん》はのこっていました。

ところが、わたしの『相対性理論《そうたいせいりろん》』では、すべてのものが消《き》えれば、時間《じかん》と空間《くうかん》も消《き》えてしまうのです。」

目《め》をぱちくりさせる人《ひと》びとに向《む》かって、博士《はかせ》はつづけました。

「2については……そんなことはありません。普通程度《ふつうていど》の科学《かがく》の知識《ちしき》をもっている人《ひと》なら、理解《りかい》できるはずです。現《げん》に、ベルリン大学《だいがく》の学生《がくせい》たちは、みんなよくわかりましたよ。」

そして、3については、

「さあねえ。そういうことは、精神科医《せいしんかい》の先生方《せんせいがた》に、きいていただきたいですね。」

と、苦笑《にがわら》いするのでした。

歓迎《かんげい》パーティーの席《せき》には、かならず愛用《あいよう》のバイオリンをたずさえていき、

「わたしは口《くち》べたですので、バイオリンでごあいさつさせていただきましょう。」

とことわってから、すばらしいモーツァルトやバッハを演奏《えんそう》しました。

博士《はかせ》の人《ひと》なつこい人柄《ひとがら》にふれた人《ひと》びとは、ますます、この大科学者《だいかがくしゃ》にひかれていきました。

いろいろな国《くに》や大学《だいがく》から、つぎつぎと賞《しょう》やメダルがおくられ、「アルバート・アインシュタイン」の名声《めいせい》は、いよいよ高《たか》まっていきました。

けれども、博士《はかせ》の心《こころ》には、つねにひとつの大《おお》きな気《き》がかりが、かげを落《お》としていたのです。

それは、ユダヤ人《じん》の仲間《なかま》たちのことでした。

ユダヤ人《じん》は、昔《むかし》から国家《こっか》というものをもたず、世界中《せかいじゅう》で、たいへん肩身《かたみ》のせまい思《おも》いをしてきました。

とくに終戦後《しゅうせんご》のヨーロッパでは、優秀《ゆうしゅう》な若者《わかもの》たちが、ユダヤ人《じん》だというだけで、なかなか大学《だいがく》に入《い》れてもらえないのです。

(これを、なんとかすることはできないだろうか……。)

ひそかに胸《むね》をいためていたとき、ある科学者仲間《かがくしゃなかま》から、ねがってもない申《もう》し出《で》が舞《ま》いこみました。

アメリカからイギリス、フランスへ

「じつはね、きみ。エルサレム（現在《げんざい》のイスラエルの首都《しゅと》）にユダヤ人《じん》のための大学《だいがく》を建設《けんせつ》したいと思《おも》うんだが、どう思《おも》う？」

アインシュタイン博士《はかせ》のもとに、親友《しんゆう》のカイム・ワイズマン（1874〜1952年《ねん》）教授《きょうじゅ》が、ある日《ひ》、相談《そうだん》をもちかけてきたのです。

カイム・ワイズマンは、イギリスの大学《だいがく》で化学《かがく》を教《おし》えながら、ユダヤ人《じん》の故郷《こきょう》にユダヤの国家《こっか》を建設《けんせつ》するための運動《うんどう》（シオニズム）を熱心《ねっしん》に行《おこな》い、のちに建国《けんこく》されたイスラエルの初代大統領《しょだいだいとうりょう》になった人物《じんぶつ》です。

アインシュタインも、いちおうは、この運動《うんどう》の賛成者《さんせいしゃ》でしたが、問題《もんだい》はいろいろあると思《おも》っていました。

けれども、ユダヤ人《じん》のための大学《だいがく》ができるということには、反対《はんたい》の理由《りゆう》がありません。

「すばらしい計画《けいかく》だ。で、わたしになにか、できることは？」

アインシュタインがきくと、ワイズマンは、そくざにこう言《い》ったのです。

「では、いっしょにアメリカへ行《い》ってくれたまえ。」

大学《だいがく》をたてるには、莫大《ばくだい》な資金《しきん》が必要《ひつよう》です。そこで、いま、世界中《せかいじゅう》でいちばん豊《ゆた》かなアメリカに、寄付《きふ》をたのみに行《い》こうというのです。

アインシュタインは、しばらく考《かんが》えたすえに、イエスと言《い》いました。

自分《じぶん》の名声《めいせい》が仲間《なかま》の幸《しあわ》せのために役立《やくだ》つなら、なんでもしようと思《おも》ったのです。

こうして、1921年《ねん》4月《がつ》、アインシュタイン博士夫妻《はかせふさい》とワイズマン教授《きょうじゅ》を乗《の》せた船《ふね》は、ニューヨーク港《こう》に、いかりをおろしました。

博士《はかせ》の一行《いっこう》は、ここでも、熱狂的《ねっきょうてき》な歓迎《かんげい》を受《う》けました。

古《ふる》い帽子《ぼうし》とコート、左手《ひだりて》にバイオリン、右手《みぎて》にパイプを持《も》った博士《はかせ》が港《みなと》におりたつと、さっそく、新聞記者《しんぶんきしゃ》たちがおしよせてきました。

「博士《はかせ》！　訪米《ほうべい》の目的《もくてき》は？」

「エルサレムに、ユダヤ人《じん》の大学《だいがく》をたてるため、みなさまのご援助《えんじょ》をねがいにまいりました。」

「それは、科学者《かがくしゃ》として、ですね？」

「いいえ。ひとりの人間《にんげん》としてです。みなさん、わたしは、心《こころ》から科学《かがく》を愛《あい》しておりますす。けれども、人類愛《じんるいあい》のほうが、もっと大切《たいせつ》だと、思《おも》っているのです。」

この演説《えんぜつ》は、全米《ぜんべい》で大評判《だいひょうばん》になりました。

アメリカのユダヤ人《じん》たちは、わざわざ、みんなで申《もう》しあわせて、1日休日《にちきゅうじつ》をとり、アインシュタインを歓迎《かんげい》しました。

多額《たがく》の寄付《きふ》が集《あつ》まり、3人《にん》はほっとして帰国《きこく》することができました。

2か月間《げつかん》のアメリカ滞在《たいざい》のあいだにも、博士《はかせ》は、学問《がくもん》する心《こころ》をわすれませんでした。

プリンストン大学《だいがく》をはじめ、多《おお》くの大学《だいがく》で講演《こうえん》を行《おこな》い、学生《がくせい》たちによいアドバイスをのこしていきました。

また、このあいだには、たいへんおもしろいできごともありました。

ボストンのホテルにとまっていたとき、ある人《ひと》が『エジソンの問題集《もんだいしゅう》』というものを持《も》って、あらわれたのです。

『発明王《はつめいおう》』といわれたトーマス・エジソン（1847〜1931年《ねん》）は、そのころ、大学教育《だいがくきょういく》はむだだ、と主張《しゅちょう》していました。かれは、自《みずか》ら入社試験用《にゅうしゃしけんよう》に科学《かがく》の問題集《もんだいしゅう》をつくり、ほとんどの大学生《だいがくせい》が答《こた》えられないはずだ、とうそぶいたのです。

「音《おと》の速《はや》さは？」といった、こまごました問題《もんだい》が、ぎっしりならんだ問題集《もんだいしゅう》は、当時《とうじ》アメリカの社会《しゃかい》で評判《ひょうばん》になりました。

「いかがです、博士《はかせ》？」

感想《かんそう》をもとめられたアインシュタインは、

「おやおや！　わたしには、答《こた》えられないことばかりだな。」

と、わらいとばすと、言《い》ったのです。

「しかしね、きみ。こんなのは全部《ぜんぶ》、本《ほん》を見《み》ればわかることですよ。大学教育《だいがくきょういく》の目的《もくてき》は知識《ちしき》をふやすことではありません。どう考《かんが》えるかを、知《し》ることだと思《おも》いますがね。」

アインシュタインとエジソンは、ふたりとも、科学《かがく》の発展《はってん》に大《おお》きな貢献《こうけん》をしましたが、根本的《こんぽんてき》なところで正反対《せいはんたい》の意見《いけん》をもっていたのです。

アメリカを後《あと》にしたアインシュタインは、途中《とちゅう》イギリスによって帰国《きこく》します。

イギリスは、大《おお》がかりな天文観測《てんもんかんそく》によって、アインシュタインの『相対性理論《そうたいせいりろん》』を証明《しょうめい》してくれた国《くに》です。

その国《くに》の大政治家《だいせいじか》で、科学者《かがくしゃ》でもあるホールデン卿《きょう》がさそってくれたのでした。

博士《はかせ》は、この招待《しょうたい》を、ありがたく受《う》けました。

イギリスでは、まずニュートンのお墓《はか》に花束《はなたば》をそなえ、ケンブリッジ大学《だいがく》のキングス・カレッジで『相対性理論《そうたいせいりろん》』に関《かん》する講演《こうえん》を行《おこな》いました。

ホールデン卿《きょう》の邸宅《ていたく》で開《ひら》かれたパーティーには、科学者《かがくしゃ》はもちろん、教会関係者《きょうかいかんけいしゃ》や政治家《せいじか》、作家《さっか》などの有名人《ゆうめいじん》がまねかれて、アインシュタインとなごやかに語《かた》りあいました。

アインシュタインは、イギリスでも、すばらしい評判《ひょうばん》を得《え》ました。

ところが、ドイツ政府《せいふ》はこれを、たいへんにがにがしく思《おも》ったのです。

第一次世界大戦《だいいちじせかいたいせん》は終《お》わったとはいえ、ヨーロッパの国々《くにぐに》の間《あいだ》には、まだまだ、しこりがのこっていました。

とくに敗戦国《はいせんこく》のドイツは、ほかのどの国《くに》に対《たい》しても、ろこつな敵対心《てきたいしん》を表《あらわ》していたのです。

アインシュタイン博士《はかせ》は帰国《きこく》するとすぐ、政府《せいふ》から、ものやわらかな苦情《くじょう》を受《う》けました。

そして、すでに決《き》まっていた、フランス学士院《がくしいん》からの招待《しょうたい》もことわるようにと言《い》われたのです。

けれども、そんな圧力《あつりょく》に負《ま》ける博士《はかせ》ではありません。

1922年《ねん》3月《がつ》には、ベルリンを出発《しゅっぱつ》して、パリに向《む》かいました。

そして、じょうずなフランス語《ご》で『相対性理論《そうたいせいりろん》』の講演《こうえん》を行《おこな》い、大《だい》かっさいをあびました。会場《かいじょう》には、なつかしいキュリー夫人《ふじん》の姿《すがた》もありました。

日本《にっぽん》へまねかれる

「アインシュタインを、ぜひわが国《くに》に！」

とねがう人《ひと》びとは、日本《にっぽん》にもおおぜいいました。

なかでもとくに熱心《ねっしん》だったのが、「改造社《かいぞうしゃ》」という大《おお》きな出版社《しゅっぱんしゃ》の山本実彦《やまもとさねひこ》社長《しゃちょう》でした。山本《やまもと》は、有名《ゆうめい》な哲学者《てつがくしゃ》の西田幾多郎《にしだきたろう》博士《はかせ》と、日本《にっぽん》における相対性理論研究《そうたいせいりろんけんきゅう》の第《だい》一人者《いちにんしゃ》である石原純博士《いしはらじゅんはかせ》から、アインシュタインについてくわしい話《はなし》を聞《き》いたあと、入念《にゅうねん》な招待《しょうたい》の計画《けいかく》を練《ね》り、招待《しょうたい》するための資金《しきん》も出《だ》しました。

夢《ゆめ》はヨーロッパにいた『改造《かいぞう》』の特派員《とくはいん》、室伏高信《むろぶせこうしん》の手《て》つだいで実現《じつげん》し、1922年《ねん》10月8日《がつようか》、アインシュタイン夫妻《ふさい》は、フランスのマルセイユから、日本郵船《にっぽんゆうせん》の「北《きた》野丸《のまる》」という客船《きゃくせん》に乗《の》りこんだのです。

船《ふね》は地中海《ちちゅうかい》をへて、スエズ運河《うんが》をすぎ、紅海《こうかい》からインド洋《よう》へ……。博士《はかせ》にとって、見知《みし》らぬ東洋《とうよう》の国《くに》への旅《たび》は、ひさびさの大《おお》きな楽《たの》しみだったようです。

しかも、行《い》きの船《ふね》の中《なか》で、『ノーベル物理学賞《ぶつりがくしょう》』受賞《じゅしょう》の知《し》らせを受《う》けたのです。

これは、まれに見《み》る幸運《こううん》な旅《たび》だったと言《い》わなければなりません。

それはともかく、博士《はかせ》は11月《がつ》17日《にち》、上陸目前《じょうりくもくぜん》の船内《せんない》で次《つぎ》のようにあいさつしています。

「……わたしは、小泉八雲《こいずみやくも》（ラフカディオ・ハーン）の作品《さくひん》で、はじめて日本《にっぽん》を知《し》り、すばらしい国民性《こくみんせい》にあこがれていました。このたびのご招待《しょうたい》では、日本《にっぽん》のみなさんにわたしの『相対性理論《そうたいせいりろん》』をご説明《せつめい》するとともに、日本《にっぽん》からもなにかを得《え》て、帰《かえ》りたいと思《おも》っております。」

途中《とちゅう》、香港《ホンコン》や上海《シャンハイ》から出迎《でむか》えに乗《の》りこんできた学者《がくしゃ》や新聞記者《しんぶんきしゃ》たちの間《あいだ》から、あらしのような拍手《はくしゅ》が起《お》こりました。

神戸《こうべ》の港《みなと》は、例《れい》によってアインシュタインをひと目見《めみ》ようとする人《ひと》びとで、あふれかえっていました。

バイオリンをかかえた博士《はかせ》と夫人《ふじん》は、大急《おおいそ》ぎで列車《れっしゃ》に乗《の》りこみ、京都《きょうと》で1泊《ぱく》。翌朝《よくあさ》、東京《とうきょう》へ向《む》かいました。

東京駅《とうきょうえき》のプラットホームも、もちろん、おすなおすなの大《おお》さわぎでした。

それから約《やく》1か月《げつ》、博士《はかせ》は日本各地《にっぽんかくち》の大学《だいがく》や公会堂《こうかいどう》で『相対性理論《そうたいせいりろん》』の講演《こうえん》を、何度《なんど》も行《おこな》います。

どの講演《こうえん》も、通訳《つうやく》の時間《じかん》をふくめると、たいてい5時間《じかん》をこすことになりました。けれども、参加者《さんかしゃ》はみな、身《み》じろぎもせずに耳《みみ》をかたむけていたといいます。

新聞《しんぶん》によれば、それはまるで「人《ひと》びとが、アインシュタインの催眠術《さいみんじゅつ》にかかったよう。」でした。

博士《はかせ》はこれを見《み》て、内心《ないしん》びっくりしました。

ヨーロッパやアメリカでは、けっして見《み》られない反応《はんのう》だったからです。

$R_{\mu\nu} - g_{\mu\nu}R/2 = \kappa T_{\mu\nu}$

（……わかっているのか、いないのか？　ともかく、日本人《にほんじん》は独特《どくとく》である。）

とはいえ、その行儀《ぎょうぎ》のよさと、熱心《ねっしん》さは、おおいにアインシュタイン博士《はかせ》を感動《かんどう》させました。

いっぽう、博士《はかせ》のひかえめでユーモアにあふれる性格《せいかく》は、会《あ》う人《ひと》すべてをとりこにしてしまいました。

こうして、１９２２年《ねん》12月《がつ》28日《にち》、九州《きゅうしゅう》の門司《もじ》で、夫妻《ふさい》のお別《わか》れパーティーが開《ひら》かれることになりました。

「思《おも》い出《で》にぜひ、日本《にっぽん》の伝統的《でんとうてき》な歌曲《かきょく》をお聞《き》かせください。」

音楽好《おんがくず》きのアインシュタイン博士《はかせ》のもとめで、参加者《さんかしゃ》はひとりずつ、長唄《ながうた》や義太夫《ぎだゆう》をひろうしました。

お返《かえ》しに、博士《はかせ》はバイオリンを3曲演奏《きょくえんそう》したといいます。日本《にっぽん》を去《さ》るとき、アインシュタインは、改造社《かいぞうしゃ》の山本社長《やまもとしゃちょう》に１枚《まい》のスケッチをおくりました。そこには『相対性理論《そうたいせいりろん》』を講義《こうぎ》している自画像《じがぞう》に、筆記《ひっき》する石原博士《いしはらはかせ》の絵《え》、そしてドイツ語《ご》で詩《し》が書《か》かれていました。

翌《よく》12月《がつ》29日《にち》、アインシュタイン夫妻《ふさい》は、門司港《もじこう》から日本郵船《にっぽんゆうせん》の「榛名丸《はるなまる》」に乗《の》って、エルサレムへ向《む》かいました。

完成直前《かんせいちょくぜん》のヘブライ大学《だいがく》で講演《こうえん》するよう、たのまれていたのです。カイム・ワイズマン教授《きょうじゅ》と、はるばるアメリカまで、寄付《きふ》をつのりに行《い》った努力《どりょく》は、みごとに実《み》をむすんだのでした。

ヘブライ大学《だいがく》の校舎《こうしゃ》は、1925年《ねん》に完成《かんせい》し、アインシュタインは1928年《ねん》までの3年間《ねんかん》、この大学《だいがく》の理事《りじ》をつとめることになります。

ノーベル賞《しょう》を受賞《じゅしょう》

1922年《ねん》11月《がつ》9日《ここのか》、スウェーデンのノーベル賞委員会《しょういいんかい》は、アインシュタインに対《たい》して、ノーベル物理学賞《ぶつりがくしょう》をさずけることを決定《けってい》しました。

博士《はかせ》はその知《し》らせを、日本《にっぽん》に向《む》かう船《ふね》の中《なか》で、受《う》けとりました。

アインシュタインほどの大学者《だいがくしゃ》には、おそすぎる受賞《じゅしょう》です。

けれども、これにはわけがありました。

まず、アルフレッド・ノーベルは、ノーベル物理学賞《ぶつりがくしょう》について、「人類《じんるい》に大《おお》きな利益《りえき》をあたえるような、物理学《ぶつりがく》の最近《さいきん》の発見《はっけん》について授与《じゅよ》すること。」という条件《じょうけん》をつけているのです。

アインシュタインの『相対性理論《そうたいせいりろん》』は、とくに新《あたら》しい発見《はっけん》ではなく、それまでよく知《し》られていた、いろいろな事実《じじつ》を、原理《げんり》として、ひとつにまとめただけだと、考《かんが》えることもできます。

しかも、これが「人類《じんるい》にとって大《おお》きな利益《りえき》になるか」は、大《おお》きな疑問《ぎもん》でした。

第二《だいに》に、アインシュタインは、あまりにも有名《ゆうめい》になりすぎていました。有名人《ゆうめいじん》だから、賞《しょう》をあたえたと考《かんが》えられては、ノーベル賞自体《しょうじたい》の値打《ねう》ちが下《さ》がるというわけです。

第三《だい》は、政治的《せいじてき》な理由《りゆう》でした。

アインシュタイン博士《はかせ》は、ドイツのユダヤ人《じん》として、政治的《せいじてき》にびみょうな立場《たちば》にあります。

そういう人物《じんぶつ》にノーベル賞《しょう》をさずければ、世間《せけん》は、ノーベル賞委員会《しょういいんかい》を主宰《しゅさい》するスウェーデン科学《かがく》アカデミーが、政治的《せいじてき》にアインシュタインの味方《みかた》についたと思《おも》いはしないか、というのです。

とはいえ、ノーベル賞委員会《しょういいんかい》は、ぜひ、博士《はかせ》にノーベル賞《しょう》をさずけたいと、頭《あたま》をなやませました。

その結果《けっか》、受賞《じゅしょう》の理由《りゆう》を、『相対性理論《そうたいせいりろん》』ではなく、『光量子《こうりょうし》の理論《りろん》』の発見《はっけん》ということにしたのです。

たしかに、これは、まちがいなく新《あら》たに発見《はっけん》された理論《りろん》でした。

しかも、テレビや太陽電池《たいようでんち》への応用《おうよう》などで、「人類《じんるい》にとって大《おお》きな利益《りえき》」をもたらしてもいます。

けっきょく、ノーベル賞委員会《しょういいんかい》が発表《はっぴょう》した実際《じっさい》の文面《ぶんめん》は、

「本年《ほんねん》のノーベル物理学賞《ぶつりがくしょう》は、『光量子《こうりょうし》の理論《りろん》』と、理論物理学《りろんぶつりがく》の分野《ぶんや》の業績《ぎょうせき》に対《たい》して、アインシュタインにあたえる。」

という、歯切《はぎ》れの悪《わる》いものになってしまいました。

翌《よく》1923年《ねん》7月《がつ》、博士《はかせ》はスウェーデンで、ノーベル賞受賞記念講演《しょうじゅしょうきねんこうえん》を行《おこな》いました。

ここでも、大歓迎《だいかんげい》のうずにまきこまれましたが、博士《はかせ》のひかえめな態度《たいど》はかわりませんでした。

素直《すなお》に受賞《じゅしょう》の喜《よろこ》びをのべ、たんたんと受賞記念講演《じゅしょうきねんこうえん》を行《おこな》い、帰国《きこく》しました。

賞金《しょうきん》は全額《ぜんがく》、前夫人《ぜんふじん》のミレーバとふたりの息子《むすこ》にわたしてしまいました。

博士《はかせ》にとって、名誉《めいよ》や名声《めいせい》など、どうでもいいことだったのです。

かれの興味《きょうみ》は、ひたすら研究《けんきゅう》にありました。

『相対性理論《そうたいせいりろん》』が証明《しょうめい》されたいま、今度《こんど》は『統一場理論《とういつばりろん》』というものにとりくんでい

るのです。

電気《でんき》も磁気《じき》も『場《ば》』に起《お》こる波《なみ》だということは、すでに学説《がくせつ》として証明《しょうめい》ずみです。

いっぽう、『重力《じゅうりょく》の場《ば》』は、一般相対性理論《いっぱんそうたいせいりろん》で説明《せつめい》できました。

そこで博士《はかせ》は、『電気《でんき》と磁気《じき》の場《ば》』と『重力《じゅうりょく》の場《ば》』をひとつにまとめようと、研究《けんきゅう》を始《はじ》めたのです。

やがて、博士《はかせ》も50歳《さい》になろうとしていました。

もしかしたら、そのときに『統一場理論《とういつばりろん》』の発表《はっぴょう》があるのではないか？

世界中《せかいじゅう》のマスコミが、1年《ねん》もまえから特《とく》だねをねらって、待《ま》ちかまえています。

ところが1929年《ねん》に発表《はっぴょう》されたのは、数式《すうしき》だけがぎっしりならんだ論文《ろんぶん》でした。

これでは、普通《ふつう》の人《ひと》には、なにがなんだか、わかりません。

博士《はかせ》が『統一場理論《とういつばりろん》』を完成《かんせい》し、わかりやすい言葉《ことば》で説明《せつめい》できるようになるまでは、まだまだ時間《じかん》がかかりそうです。

人《ひと》びとは、ふたたび期待《きたい》にみちて、待《ま》ちだしました。

4 しのびよる影《かげ》

まぼろしの贈《おく》り物《もの》

1929年《ねん》3月《がつ》。

50歳《さい》の誕生日《たんじょうび》が近《ちか》づくにつれ、アインシュタイン博士《はかせ》のまわりは、いよいよそうぞうしくなっていきました。

夫妻《ふさい》は、ひそかにベルリン郊外《こうがい》にある友人《ゆうじん》の別荘《べっそう》をかり、博士《はかせ》の誕生日《たんじょうび》をいわうことにしました。

美《うつく》しい景色《けしき》をながめ、湖《みずうみ》ですきなヨット遊《あそ》びをするのは、博士《はかせ》にとって、またとない休息《きゅうそく》となりました。

まえの年《とし》から悪《わる》かった体調《たいちょう》も、これで、だいぶよくなったようです。

アインシュタイン夫妻《ふさい》は、ひさしぶりにのんびりした1週間《しゅうかん》をすごすことができました。

留守宅《るすたく》には、世界中《せかいじゅう》から、贈《おく》り物《もの》やバースデーカードが、山《やま》のようにとどけられました。

アメリカのユダヤ人《じん》たちからは、

「お祝《いわ》いに、パレスチナに土地《とち》を買《か》い、『アインシュタインの森《もり》』にします。」

という知《し》らせがありました。

ほかの友人《ゆうじん》たちは、お金《かね》を出《だ》しあって、ヨットを1そう、おくってくれました。

博士《はかせ》は、みんなの温《あたた》かい気持《きも》ちに、たいへん感激《かんげき》しました。

こうなると、ベルリン市《し》も負《ま》けてはいませんでした。

市議会《しぎかい》では、市《し》がベルリン郊外《こうがい》に持《も》っているりっぱな家《いえ》を、博士《はかせ》におくることを決議《けつぎ》したのです。

「湖《みずうみ》のほとりで、景色《けしき》も最高《さいこう》です。どうか、博士《はかせ》の別荘《べっそう》にしてください。」

いろいろな新聞《しんぶん》に、このしゃれた贈《おく》り物《もの》の記事《きじ》がのりました。

ところが、夫人《ふじん》が行《い》ってみると、その家《いえ》にはすでに、人《ひと》が住《す》んでいたのです。

「どういうことでしょうか？」

と、夫人《ふじん》に問《と》いただされた市《し》は、さっそく書類《しょるい》を調《しら》べました。

すると、その家《いえ》はたしかに市《し》の財産《ざいさん》でしたが、住《す》んでいる人《ひと》には死《し》ぬまでそこに住《す》んでよい、という条件《じょうけん》がついていたのです。

「奥《おく》さま。失礼《しつれい》いたしました。とんだまちがいが、あったようです。」

市長《しちょう》はまっ青《さお》になり、

「では、その近《ちか》くのおすきな場所《ばしょ》に、家《いえ》をおたてください。」

と、申《もう》しでたのです。

「ただし、この場合《ばあい》には、建築費《けんちくひ》のほうは、そちらで出《だ》していただくことになります。」

夫妻《ふさい》は、せっかくのことだからと、納得《なっとく》しました。

ところが、今度《こんど》の計画《けいかく》も、うまくいかなかったのです。夫妻《ふさい》が希望《きぼう》した場所《ばしょ》には、市《し》の規則《きそく》で、家《いえ》がたてられませんでした。市民《しみん》のなかからは、

「市《し》の規則《きそく》なんかかえてしまえ！」

という声《こえ》も上《あ》がったのですが、そこは規則好《きそくず》きのドイツ人《じん》のことです。いくらアインシュタイン博士《はかせ》のためとはいえ、そういうことはできませんでした。あわてたベルリン市《し》は、さらに別《べつ》の土地《とち》をさしあげましょうと、申《もう》しでました。エルザ夫人《ふじん》は、そこを見《み》に行《い》き、

「ありがたくいただきます。」

と言《い》いました。

けれども、これもだめでした。ぎりぎりになってその土地《とち》は、ベルリン市《し》のものでないことがわかったのです。大《おお》はじをかいたベルリン市長《しちょう》は、こう言《い》いました。

「どうか博士《はかせ》。いま売《う》りに出《で》ている、おすきな土地《とち》をおえらびください。市《し》がそこを買《か》いあげて、ご夫妻《ふさい》にプレゼントいたします。」

やがてエルザ夫人《ふじん》が、ベルリン郊外《こうがい》のカプートという町《まち》に、いい土地《とち》を見《み》つけました。

市議会《しぎかい》ではさっそく、アインシュタイン夫妻《ふさい》におくるために、この土地《とち》を買《か》うべきかどうかが、検討《けんとう》されました。

すると、なんということでしょう。

ある議員《ぎいん》から、

「ユダヤ人《じん》のアインシュタインなどに、なぜ、ドイツのベルリン市《し》が、贈《おく》り物《もの》をする必要《ひつよう》があるのか？」

という意見《いけん》が出《だ》され、大議論《だいぎろん》が始《はじ》まりました。そして、結論《けつろん》は次《つぎ》の議会《ぎかい》まで、もちこされてしまったのです。

おだやかな博士《はかせ》も、もう、面倒《めんどう》になったのでしょう。

ベルリン市長《しちょう》あてに、次《つぎ》のような手紙《てがみ》を書《か》くと、贈《おく》り物《もの》をていねいにことわってしまいました。

「ベルリン市長殿《しちょうどの》
……人生《じんせい》は短《みじか》いのに、ベルリン市《し》のお仕事《しごと》は、あまりにも、ゆっくりしています。わたしの誕生日《たんじょうび》も、とっくにすぎてしまったことです。お気持《きも》ちだけを、ありがたくいただき、今度《こんど》の贈《おく》り物《もの》は、辞退《じたい》させていただきます。

アルバート・アインシュタイン」

夫妻《ふさい》は、貯金《ちょきん》をはたいて、その土地《とち》を買《か》い、別荘《べっそう》をたてました。たいへんな出費《しゅっぴ》でしたが、美《うつく》しい別荘《べっそう》を持《も》てたことに、夫妻《ふさい》は大喜《おおよろこ》びでした。けれども、この幸《しあわ》せは3年《ねん》とつづかなかったのです。

当時《とうじ》のドイツでは、政情《せいじょう》がどんどん悪《わる》いほうへ変化《へんか》していました。

ベルリン市《し》にも、ユダヤ人《じん》ぎらいの熱狂的愛国者《ねっきょうてきあいこくしゃ》がふえ、かげで市政《しせい》を動《うご》かそうとしていたのです。

やがて、1933年《ねん》。アドルフ・ヒットラーのナチス（ナチ党《とう》）が政権《せいけん》をとると、ユダヤ人迫害《じんはくがい》は、もっとひどくなります。

ユダヤ人《じん》の代表《だいひょう》のように思《おも》われていたアインシュタインは、おたずね者《もの》にされ、すべてをすてて、国外《こくがい》に脱出《だっしゅつ》しなければなりませんでした。

まぼろしの贈《おく》り物《もの》さわぎは、その前兆《ぜんちょう》のようなものだったのです。

ナチスに追《お》われて

別荘《べっそう》ができた1930年《ねん》の冬《ふゆ》、博士《はかせ》は、ふたたびアメリカをおとずれることになりました。

カリフォルニア工科大学《こうかだいがく》で集中講義《しゅうちゅうこうぎ》をもつためです。

9年《ねん》ぶりのアメリカは、大不景気《だいふけいき》を経験《けいけん》してはいたものの、ヨーロッパとはくらべものにならないほど元気《げんき》でした。

船《ふね》がニューヨークの港《みなと》に立《た》ちよったとき、かれは、船内《せんない》からマイクで、こんなふうにあいさつしています。

「アメリカ国民《こくみん》のみなさん。

みなさんのお国《くに》はいまや、すばらしい政治《せいじ》と経済《けいざい》の力《ちから》をつけられました。

どうぞ、その力《ちから》を、軍国主義《ぐんこくしゅぎ》を撲滅《ぼくめつ》するために使《つか》っていただきたいと思《おも》います。」

この演説《えんぜつ》は、多《おお》くのアメリカ人《じん》を感動《かんどう》させ、ドイツ政府《せいふ》を逆上《ぎゃくじょう》させました。

船《ふね》がパナマ運河《うんが》をこえて、カリフォルニアに到着《とうちゃく》したのは、1930年《ねん》の12月《がつ》30日《にち》でした。

アインシュタインは、ラジオ放送《ほうそう》で、カリフォルニア州民《しゅうみん》に、あいさつを送《おく》りました。

カリフォルニア工科大学《こうかだいがく》での講義《こうぎ》は、たいへんな評判《ひょうばん》でした。

博士《はかせ》のほうでも、この新《あたら》しい国《くに》が、すっかり気《き》に入《い》ってしまいました。

工科大学《こうかだいがく》には、すばらしい天文台《てんもんだい》がありました。

そしてなにより、アメリカの人《ひと》びとがみな、明《あか》るく、あけっぴろげで、向学心《こうがくしん》にもえていたからです。

アインシュタイン博士《はかせ》は、つづく講義《こうぎ》も約束《やくそく》して、列車《れっしゃ》に乗《の》りこみました。

途中《とちゅう》で立《た》ちよったアリゾナ州《しゅう》のグランド・キャニオンでは、アメリカ先住民《せんじゅうみん》から、『偉大《いだい》なる身内《みうち》』とよばれ、あたたかく歓迎《かんげい》されました。

1931年《ねん》の冬《ふゆ》に渡米《とべい》したとき、ドイツではすでに、ヒットラーが、かなりの勢力《せいりょく》をつけていました。

とりまきの記者《きしゃ》たちからも、ヒットラーとドイツの未来《みらい》に関《かん》する質問《しつもん》が、あいつぎました。

けれども博士《はかせ》は、

「わたしは科学者《かがくしゃ》で、政治家《せいじか》ではありません。」

と言《い》い、けっして意見《いけん》をのべませんでした。

それでも、博士《はかせ》を悪《わる》く言《い》う記者《きしゃ》は、ひとりもいませんでした。アインシュタイン博士《はかせ》がつねに、誠実《せいじつ》で、ユーモアをわすれなかったからです。

この渡米《とべい》では、近々《ちかぢか》つくられる「プリンストン高等研究所《こうとうけんきゅうじょ》」から、教授《きょうじゅ》としてさそわれることにもなりました。

こうして、1932年《ねん》の冬《ふゆ》。博士《はかせ》は約束《やくそく》どおり、3度目《どめ》の講義《こうぎ》をするために、カリフォルニアに出《で》かけました。

すると翌《よく》1933年《ねん》の1月《がつ》。ドイツでついに、ヒットラーが政権《せいけん》をとったのです。ヒットラーはすぐに総選挙《そうせんきょ》を行《おこな》い、国会議員《こっかいぎいん》の大半《たいはん》をナチスでしめることに成功《せいこう》しました。

独裁国家《どくさいこっか》になったドイツでは、やがてユダヤ人《じん》の迫害《はくがい》と追放《ついほう》が始《はじ》まります。

カプートにあるアインシュタインの別荘《べっそう》にも、ヒットラーの手下《てした》がおしいりました。

『危険《きけん》な武器《ぶき》』をかくしている疑《うたが》いがあるというのです。

出《で》てきたのは、パン切《き》りナイフ1丁《ちょう》だけでした。でも、言《い》いがかりをつけるには、それでじゅうぶんだったのです。

アインシュタインは、国家《こっか》にたてつく者《もの》として、指名手配《しめいてはい》されました。

別荘《べっそう》もヨットもとりあげられ、わずかばかりの預金《よきん》も全額《ぜんがく》、没収《ぼっしゅう》されてしまいました。

ベルリンのアパートにのこした本類《ほんるい》も、もちろんです。

「これで、ほんとうの一文《いちもん》なしか。」

博士《はかせ》は苦笑《にがわら》いし、夫人《ふじん》は泣《な》きくずれました。

さて、これからどこへ行《い》こう?

10月《がつ》からは、プリンストン高等研究所《こうとうけんきゅうじょ》で教《おし》えることにはなっていますが、それまでの約半年《やくはんとし》、行《ゆ》き場《ば》がないのです。

すると、ベルギー女王《じょおう》ご夫妻《ふさい》がすぐ、手《て》をさしのべてくれました。

女王《じょおう》とアインシュタインは、昔《むかし》からの音楽仲間《おんがくなかま》でした。

友情《ゆうじょう》というのは、ほんとうにありがたいものです。

夫妻《ふさい》は厚意《こうい》を受《う》け、ベルギーのル・コック・シュル・メールという、美《うつく》しい港町《みなとまち》に落《お》ちつきました。

やがて、娘夫婦《むすめふうふ》たちもぶじ、ドイツから国外《こくがい》にひなんできたことがわかりました。

ほっとしたアインシュタイン博士《はかせ》は、すぐさま「プロイセン・科学《かがく》アカデミー」に脱退届《だったいとどけ》を出《だ》しました。

除名《じょめい》されるまえに、出《で》ていこうと思《おも》ったのです。

アカデミーからは、これ幸《さいわ》いとばかりに、脱退受理《だったいじゅり》の通知《つうち》が来《き》ました。

「これで、わたしも気持《きも》ちがふっきれたよ。」

アカデミーとは、二度《にど》とつきあうまい、博士《はかせ》は、そう決心《けっしん》しました。

さらば故郷《こきょう》よ

ル・コック・シュル・メールは、オランダ国境《こっきょう》に近《ちか》い町《まち》です。

いつ、ヒットラーの手下《てした》たちが、乗《の》りこんでくるかもしれません。ドイツの暗殺団《あんさつだん》は、あちらこちらで目《め》を光《ひか》らせているのです。

夫人《ふじん》や友人《ゆうじん》たちは、アインシュタインに、一日《いちにち》も早《はや》く、イギリスへうつるよう、説得《せっとく》をくりかえしました。

博士《はかせ》は最初《さいしょ》「おおげさな。」と、聞《き》く耳《みみ》をもちませんでした。

「ベルギー王室《おうしつ》から、特別《とくべつ》の護衛《ごえい》まで、つけていただいているじゃないか。だいじょうぶだよ。」と。

ところが8月《がつ》の末《すえ》には、おそろしいうわさが耳《みみ》に入《はい》ってきました。

ヒットラーが、処刑予定者《しょけいよていしゃ》のリストをつくっているというのです。しかも、リストの先頭《せんとう》はアインシュタインで、多額《たがく》の懸賞金《けんしょうきん》までかかっているといいます。

こうなると、さすがの博士《はかせ》も考《かんが》えてしまいました。

1933年《ねん》9月《がつ》。博士《はかせ》は、ひそかにベルギーの海岸《かいがん》からドーバー海峡《かいきょう》をわたって、イギリスの首都《しゅと》ロンドンに到着《とうちゃく》。

イギリス政府《せいふ》による、厳重《げんじゅう》な警戒《けいかい》のもとに約《やく》1か月《げつ》すごしました。

このあいだも、博士《はかせ》は研究《けんきゅう》の時間《じかん》をかならずとっていました。

また、ドイツを追《お》われたユダヤ人《じん》の仲間《なかま》たちをすくうために活躍《かつやく》しました。

どんな演説会《えんぜつかい》も、募金《ぼきん》コンサートも、アインシュタイン博士《はかせ》が来《く》る、というだけで、入《はい》りきれないほどの人《ひと》を集《あつ》めることができたのです。

そして10月《がつ》、アインシュタイン博士《はかせ》は、あとから合流《ごうりゅう》した夫人《ふじん》と、秘書《ひしょ》のデュカス嬢《じょう》とともに、サザンプトン港《こう》から大西洋《たいせいよう》をわたって、ニューヨークに向《む》けて出発《しゅっぱつ》しました。

今度《こんど》のアメリカ行《い》きには、盛大《せいだい》な見送《みおく》りも、記者会見《きしゃかいけん》もありませんでした。深夜《しんや》、おおぜいの護衛《ごえい》に囲《かこ》まれて、こっそりと小船《こぶね》に乗《の》せられ、そこから本船《ほんせん》に運《はこ》ばれたのです。

「こんなに、静《しず》かに出発《しゅっぱつ》できたのは、はじめてだね。ナチスにお礼《れい》を言《い》わないとな。」

博士《はかせ》は、ふざけて言《い》いました。

けれども、その胸《むね》のうちはどうだったのでしょう。

アルバート・アインシュタインは、その後二度《ごにど》と、故郷《こきょう》のヨーロッパに帰《かえ》ることはありませんでした。

5 老《ろう》巨《きょ》人《じん》の死《し》

プリンストンの名物《めいぶつ》教授《きょうじゅ》

アインシュタイン一行《いっこう》を乗《の》せた船《ふね》は、1933年《ねん》10月《がつ》、ニューヨーク港《こう》に着《つ》きました。

夫妻《ふさい》は、プリンストンの町《まち》に小《ちい》さな家《いえ》を買《か》い、娘《むすめ》のマルゴットと、秘書《ひしょ》のデュカス嬢《じょう》といっしょに、新生活《しんせいかつ》を始《はじ》めます。

プリンストン高等研究所《こうとうけんきゅうじょ》で、博士《はかせ》はふたたび、静《しず》かな研究生活《けんきゅうせいかつ》をとりもどしました。

かれは、落《お》ちつくとさっそく、ベルギー女王《じょおう》へ手紙《てがみ》を書《か》き、「プリンストンは、すばらしいところでございます。」と報告《ほうこく》し、

「みんなが、つらい思《おも》いをしているこの時期《じき》、こんなに平和《へいわ》にくらしているのは、はずかしいくらいです。」

と、のべています。

かれはすぐ、プリンストンの名物教授《めいぶつきょうじゅ》になりました。世界的《せかいてき》な大科学者《だいかがくしゃ》ということもありますが、その素直《すなお》で、温《あたた》かい性格《せいかく》が、教授仲間《きょうじゅなかま》や学生《がくせい》たちをとらえたのです。

博士《はかせ》は、決《き》まった講義《こうぎ》は行《おこな》いませんでしたが、研究室《けんきゅうしつ》に来《く》る学生《がくせい》たちを、たいへん親切《しんせつ》に指導《しどう》しました。

学生《がくせい》ばかりではありません。たのまれれば、小学生《しょうがくせい》の勉強《べんきょう》だって、見《み》てあげたのです。

実際《じっさい》、プリンストンの町《まち》には、ある10歳《さい》の女《おんな》の子《こ》が毎日《まいにち》のようにアインシュタイン家《け》に行《い》って、博士《はかせ》に算数《さんすう》の宿題《しゅくだい》を教《おし》えてもらったという話《はなし》がのこっています。

あんなえらい先生《せんせい》に、宿題《しゅくだい》を見《み》てもらうなんて！

女《おんな》の子《こ》のお母《かあ》さんが、びっくりしておわびに行《い》くと、博士《はかせ》は、

「とんでもない。わたしのほうこそ、おじょうさんから教《おそ》わることが、たくさんあったんですよ。」

と言《い》ったそうです。

ライオンのたてがみのような白髪《はくはつ》をなびかせ、町《まち》を散歩《さんぽ》する博士《はかせ》を、だれもが温《あたた》かい目《め》で見守《みまも》りました。

アインシュタイン博士《はかせ》は、この町《まち》でだれからも愛《あい》され、うやまわれました。

ただひとつ、あまりにも身《み》なりをかまわないことだけは、人《ひと》びとの冗談《じょうだん》の種《たね》になりました。

古《ふる》いセーターに、サンダルばき。くつ下《した》をはかず、散髪《さんぱつ》も大《だい》きらい。

こんな博士《はかせ》に、

「少《すこ》し、服装《ふくそう》に気《き》をつかわれたらどうですか。」

と、だれかが忠告《ちゅうこく》すると、

「肉《にく》を買《か》って、包《つつ》み紙《がみ》のほうがりっぱだったら、わびしくないかね。」

と、やりかえされてしまいました。

人《ひと》は外見《がいけん》ではない、ということでしょう。

しかも、人生《じんせい》というのはかぎられています。

物《もの》は、すべて必要最低限《ひつようさいていげん》にきりつめ、おしゃれをする時間《じかん》があれば、1分《ぷん》でも研究《けんきゅう》のほうに回《まわ》したい――アインシュタイン博士《はかせ》は、心《こころ》からそう思《おも》っていたのです。

『相対性理論《そうたいせいりろん》』は証明《しょうめい》されましたが、『統一場理論《とういつばりろん》』には、まだまだ、不確《ふたし》かな点《てん》がありました。

アインシュタインの目標《もくひょう》はつねに、自然界《しぜんかい》を説明《せつめい》する、ひとつの大《おお》きな法則《ほうそく》を見《み》つけることにありました。

ところが『相対性理論《そうたいせいりろん》』で証明《しょうめい》された天文《てんもん》の世界《せかい》の法則《ほうそく》と、ほかの学者《がくしゃ》たちが『量《りょう》子論《しろん》』として研究《けんきゅう》しているごく小《ちい》さなミクロの世界《せかい》の法則《ほうそく》が、どうしてもかみあわないのです。

『量子論《りょうしろん》』の専門家《せんもんか》たちは、光《ひかり》やエネルギーのつぶが動《うご》く速《はや》さと位置《いち》を同時《どうじ》に測《はか》ることは不可能《ふかのう》だ、と主張《しゅちょう》していました。

つまり、物質《ぶっしつ》は、原子以下《げんしいか》の最小単位《さいしょうたんい》になると、勝手《かって》なふるまいをするようになる、というのです。

「自然《しぜん》は、つねに規則正《きそくただ》しく動《うご》いている。」

と信《しん》じるアインシュタインとは、真《ま》っ向《こう》から対立《たいりつ》する意見《いけん》でした。

ともかく、この問題《もんだい》が解決《かいけつ》されないかぎり『統一場理論《とういつばりろん》』は完成《かんせい》されません。

プリンストンで、アインシュタイン博士《はかせ》は、さまざまな分野《ぶんや》の学者《がくしゃ》の協力《きょうりょく》を得《え》ながら、真実《しんじつ》をもとめるために、研究《けんきゅう》をつづけていました。

のちのことですが、１９５０年《ねん》には、日本《にっぽん》から数学者《すうがくしゃ》の矢野健太郎博士《やのけんたろうはかせ》が、共同研究《きょうどうけんきゅう》のためにまねかれています。

休日《きゅうじつ》には、湖《みずうみ》にヨットを出《だ》して、のんびりと考《かんが》えごとにふけりました。

音楽好《おんがくず》きの学者仲間《がくしゃなかま》と、合奏《がっそう》をする楽《たの》しみもありました。

そのいっぽうで、ナチスはますます勢力《せいりょく》をまし、アメリカにいるアインシュタインの身辺《しんぺん》にも、極秘《ごくひ》の警護《けいご》がつくようになりました。

博士《はかせ》も、もうすぐ60歳《さい》。

おなかも出《で》はじめ、老眼鏡《ろうがんきょう》がいるようになりました。

老《お》いはすぐそこまでやってきています。

最近《さいきん》は、エルザ夫人《ふじん》も病気《びょうき》がちになっていました。

ドイツに帰《かえ》るチャンスは、もうけっしてあるまい。

博士《はかせ》は、そうさとると、アメリカの国民《こくみん》になろうと決心《けっしん》しました。

わたしは、ちかいます

1935年《ねん》、アインシュタイン夫妻《ふさい》はカリブ海《かい》に浮《う》かぶイギリス領《りょう》のバミューダ諸《しょ》島《とう》に向《む》かいました。

アメリカの移民法《いみんほう》にしたがい、そこのアメリカ総領事《そうりょうじ》から、永住許可《えいじゅうきょか》を得《え》るためです。

博士《はかせ》をむかえたバミューダは、とんでもないお祭《まつ》りさわぎになりました。

アインシュタインは、ぶじに永住権《えいじゅうけん》を得《え》、同時《どうじ》に、アメリカの国籍《こくせき》も申請《しんせい》しました。

国籍《こくせき》を得《え》るには、さらに5年《ねん》、待《ま》たなければなりません。

アインシュタインのような人《ひと》を、5年《ねん》も待《ま》たせるべきではない。すぐ国籍《こくせき》をあたえるべきだ、という意見《いけん》もたくさんありました。

けれども、博士《はかせ》は、特別扱《とくべつあつか》いをことわったのです。

外国人《がいこくじん》がアメリカ国民《こくみん》になるためには、アメリカ憲法《けんぽう》と、国民《こくみん》の権利《けんり》と義務《ぎむ》に関《かん》する試験《しけん》を受《う》けなければなりません。

博士《はかせ》は、この試験《しけん》にそなえて、たいへん熱心《ねっしん》に勉強《べんきょう》をしたといわれています。

そして1940年《ねん》。

ついに、アルバート・アインシュタインは、アメリカ国民《こくみん》となったのです。

「わたしは、アメリカ国民《こくみん》としての権利《けんり》を行使《こうし》し、義務《ぎむ》をはたすことをちかいます。」

その日《ひ》、博士《はかせ》は右手《みぎて》を上《あ》げ、おごそかにちかいました。

残念《ざんねん》なのは、エルザ夫人《ふじん》が、すでに、この世《よ》を去《さ》っていたことです。

博士《はかせ》といっしょに宣誓《せんせい》を行《おこな》ったのは、秘書《ひしょ》のデュカス嬢《じょう》と、娘《むすめ》のマルゴットでした。

さて、話《はなし》をもどして1935年《ねん》。

博士夫妻《はかせふさい》がバミューダから帰《かえ》ってくると、ヨーロッパから、おそろしいニュースが入《はい》ってきました。

ヒットラーが、ユダヤ人《じん》を皆殺《みなごろ》しにしようとしている、というのです。

ナチスの党首《とうしゅ》、ヒットラーは、たくみな演説《えんぜつ》で、ドイツ国民《こくみん》のユダヤ人《じん》に対《たい》するにくしみをかきたてました。

そして、全世界《ぜんせかい》からユダヤ人《じん》をほろぼせと、たきつけたのです。

逃《に》げ場《ば》をうしなったユダヤ人《じん》たちは、毎日《まいにち》のようにとらえられて、強制労働《きょうせいろうどう》をさせられたうえ、毒《どく》ガス室《しつ》に送《おく》られていました。

アインシュタイン博士《はかせ》は、まだヨーロッパを脱出《だっしゅつ》できない仲間《なかま》たちのために、さまざまな援助《えんじょ》をしました。

善意《ぜんい》の人《ひと》たちから1ドルずつ寄付《きふ》をつのり、ユダヤ人救済《じんきゅうさい》のために役立《やくだ》てました。チャリティー・コンサートを開《ひら》いて、自《みずか》らバイオリンをひいたこともあります。

博士《はかせ》はまた、首尾《しゅび》よくアメリカへ脱出《だっしゅつ》できた学者《がくしゃ》たちの職《しょく》を見《み》つけるためにも、力《ちから》をつくしました。

そのあいだにも、ナチスは残虐《ざんぎゃく》のかぎりをつくし、ヨーロッパの戦雲《せんうん》は、ますます濃《こ》くなっていきました。

やがて、1939年《ねん》に、妹《いもうと》のマヤがアメリカへにげてきます。

マヤは、博士《はかせ》の親友《しんゆう》でアーラウのギムナジウムの校長先生《こうちょうせんせい》の息子《むすこ》と結婚《けっこん》し、イタリアに住《す》んでいました。

ところが、イタリアでもユダヤ人《じん》への迫害《はくがい》がはげしくなったため、ひとりで兄《あに》をたよって、アメリカにわたってきたのです。

アインシュタインは、もともと平和主義者《へいわしゅぎしゃ》でした。

けれどもここへきて、ある程度《ていど》その主義《しゅぎ》をかえずにはいられませんでした。ヒットラーのような悪人《あくにん》に対《たい》しては、武器《ぶき》を持《も》ってたたかうほかないと確信《かくしん》したのです。

抵抗《ていこう》もしないで、だまっていたら、かならず殺《ころ》されるからです。

博士《はかせ》は、凶悪《きょうあく》なナチスをたおすために、自分《じぶん》のもてる科学知識《かがくちしき》を全部《ぜんぶ》つぎこもうと決心《けっしん》しました。

それがアメリカ国民《こくみん》として、いや人間《にんげん》としての、自分《じぶん》の義務《ぎむ》だと思《おも》ったのです。

原爆《げんばく》の悲劇《ひげき》

1939年《ねん》8月《がつ》2日《ふつか》。

アインシュタインは、当時《とうじ》のアメリカ大統領《だいとうりょう》フランクリン・ルーズベルトに、次《つぎ》のような手紙《てがみ》を書《か》きおくりました。

「……大統領《だいとうりょう》に申《もう》しあげます。

現在《げんざい》、世界各国《せかいかっこく》で、ウラニウム元素《げんそ》を、新《あたら》しい重要《じゅうよう》なエネルギー源《げん》にかえる研究《けんきゅう》が、さかんに行《おこな》われております。

これが実現《じつげん》すれば、新型《しんがた》のきわめて強力《きょうりょく》な爆弾《ばくだん》を製造《せいぞう》することが、可能《かのう》になるでしょう……。」

手紙《てがみ》の中《なか》で博士《はかせ》は、新型爆弾《しんがたばくだん》の研究《けんきゅう》は、もしかすると、ドイツでもっとも進《すす》んでいるかもしれないと、のべました。

そして、ナチスがもし、こういうおそろしい兵器《へいき》を持《も》ったら、とんでもないことになるとうったえたのです。

いまや、ヨーロッパの戦雲《せんうん》は、世界各地《せかいかくち》へ広《ひろ》がりつつありました。

第二次世界大戦《だいにじせかいたいせん》が起《お》きたのは、そのちょうど1か月後《げつご》のことです。

ルーズベルト大統領《だいとうりょう》はさっそく、アメリカ中《じゅう》の科学者《かがくしゃ》を集《あつ》め、ひそかに新型爆弾《しんがたばくだん》の開発《かいはつ》を、急《いそ》がせました。

これが『マンハッタン計画《けいかく》』です。

メキシコ国境《こっきょう》に近《ちか》い、ニューメキシコ州《しゅう》のロス・アラモスという砂漠《さばく》の町《まち》に、大《おお》きな研究所《けんきゅうじょ》がもうけられ、何千人《なんにん》という科学者《かがくしゃ》たちが日夜《にちや》、研究《けんきゅう》をつづけました。

そして1941年《ねん》12月7日《がつなのか》。

日本軍《にほんぐん》が、ハワイの真珠湾《しんじゅわん》を奇襲《きしゅう》したことから、日米《にちべい》の戦《たたか》いが始《はじ》まります。

そして１９４５年《ねん》７月《がつ》、アメリカはついに、原子爆弾《げんしばくだん》の開発《かいはつ》に成功《せいこう》しました。

アインシュタインは直接《ちょくせつ》、原爆《げんばく》の開発《かいはつ》にかかわったわけではありませんでした。

けれども、１９０５年《ねん》に博士《はかせ》が発表《はっぴょう》したE《イー》＝《イコール》mc^2《エムシー》（２乗《じょう》）という数式《すうしき》が、その大《おお》もとになったことは、まぎれもない事実《じじつ》でした。

エネルギー（力《ちから》）は質量《しつりょう》（重《おも》さ）であり、質量《しつりょう》はエネルギーである。すべてのものの中《なか》には、莫大《ばくだい》なエネルギーがねむっている。

小《ちい》さな原子《げんし》をこわすことができれば、ねむっている巨大《きょだい》なエネルギーを解放《かいほう》できるはずである……。ウラニウムの原子《げんし》に中性子《ちゅうせいし》をぶつけて、ウラニウムより強力《きょうりょく》な放射性元素《ほうしゃせいげんそ》をつくる。この元素《げんそ》がつぎつぎと連鎖反応《れんさはんのう》を起《お》こして、ウラニウム全体《ぜんたい》が大爆発《だいばくはつ》する。これがおそるべき原子爆弾《げんしばくだん》の原理《げんり》なのです。

アインシュタイン博士《はかせ》の予言《よげん》は的中《てきちゅう》し、広島《ひろしま》と長崎《ながさき》にあいついで投下《とうか》された原爆《げんばく》は、ふたつの都市《とし》を、一瞬《いっしゅん》のうちに、ふきとばしてしまいました。

それは、１９４５年《ねん》の夏《なつ》のことでした。しかし、被害者《ひがいしゃ》は、お年寄《としよ》りや小《ちい》さな子《こ》ど

もをはじめ、一般《いっぱん》の市民《しみん》がほとんどでした。

博士《はかせ》の胸《むね》のうちは、どんなだったでしょう。

しかも、終戦後《しゅうせんご》に調《しら》べてみると、ナチスのドイツには原爆《げんばく》をつくる科学力《かがくりょく》など、なかったのです。

「わたしは、アメリカをすくうつもりで、大統領《だいとうりょう》に手紙《てがみ》を書《か》いたのだ。ドイツに、原爆《げんばく》をつくるだけの科学力《かがくりょく》がないと知《し》っていたら、指一本《ゆびいっぽん》動《うご》かさなかっただろうに……。」

と、博士《はかせ》は悲《かな》しみ、くやみました。

けれども、すべては後《あと》の祭《まつ》りだったのです。

その日《ひ》から、アインシュタインの、核廃絶《かくはいぜつ》と戦争反対《せんそうはんたい》への努力《どりょく》が始《はじ》まりました。

「われわれは、戦争《せんそう》には勝《か》ちました。けれども平和《へいわ》を勝《か》ちとったわけではない。」

博士《はかせ》はまず、アメリカ国民《こくみん》に対《たい》して、こう忠告《ちゅうこく》します。

原子力《げんしりょく》は、人間《にんげん》の手《て》にあまるほど危険《きけん》な力《ちから》です。

次《つぎ》の戦争《せんそう》で使《つか》われたら、世界《せかい》は破滅《はめつ》するでしょう。

だから、ぜったいに戦争《せんそう》が起《お》こらないように努力《どりょく》しなければなりません。

アメリカ人《じん》は、世界《せかい》に先《さき》がけて原子兵器《げんしへいき》の秘密《ひみつ》をにぎった国民《こくみん》として、このことをぜひ、自覚《じかく》してほしいとうったえたのです。

博士《はかせ》は、終戦直後《しゅうせんちょくご》にできた、「原子力科学者《げんしりょくかがくしゃ》による非常委員会《ひじょういいんかい》」の議長《ぎちょう》を引《ひ》きうけました。

1946年《ねん》には国際連合《こくさいれんごう》に、世界政府《せかいせいふ》をつくることを提唱《ていしょう》します。

つまり、世界《せかい》から国境《こっきょう》をなくし、国家同士《こっかどうし》の争《あらそ》いを永久《えいきゅう》になくそうというのです。

けれども、そのときすでに、ソビエト連邦《れんぽう》（現在《げんざい》のロシアなど）をはじめ世界各国《せかいかっこく》で、アメリカに負《ま》けじと、核開発競争《かくかいはつきょうそう》が始《はじ》まっていました。

こうなると、アメリカもだまってはいられません。1950年《ねん》、トルーマン大統領《だいとうりょう》によって、今度《こんど》は「水爆《すいばく》（水素爆弾《すいそばくだん》）」の開発《かいはつ》が命令《めいれい》されました。

核開発合戦《かくかいはつがっせん》はいよいよ過熱《かねつ》し、世界《せかい》はアメリカ側《がわ》とソ連側《れんがわ》に分《わ》かれて、にらみあうようになりました。

人間《にんげん》のおろかさに、博士《はかせ》は深《ふか》く胸《むね》をいためました。そして、あるときたずねてきた日本人《にほんじん》の記者《きしゃ》に、

「敗戦国日本《はいせんこくにっぽん》の国民《こくみん》には、心《こころ》から同情《どうじょう》します。けれども、勝《か》った国々《くにぐに》もいま、それ以《い》上《じょう》に苦《くる》しい道《みち》を歩《あゆ》んでいるのです。」

と、しみじみ語《かた》りました。

博士《はかせ》は、原子力発電所《げんしりょくはつでんしょ》をはじめとする、原子《げんし》エネルギーの平和利用《へいわりよう》についても、かなり慎重《しんちょう》な考《かんが》えをもっていました。

1945年《ねん》、『アトランティック・マンスリー』という雑誌《ざっし》には、次《つぎ》のように書《か》いています。

「……原子力《げんしりょく》が将来《しょうらい》、人類《じんるい》に大《おお》きな恵《めぐ》みをもたらすとは、いまのわたしには、考《かんが》えにくいのです。原子力《げんしりょく》は脅威《きょうい》です。」

人間《にんげん》は、原子力《げんしりょく》を発見《はっけん》できたのに、どうして、それを管理《かんり》できないのでしょう、と

きかれると、

「それは、政治《せいじ》が物理学《ぶつりがく》よりむずかしいからですよ。」

と、皮肉《ひにく》をこめて、答《こた》えています。

1949年《ねん》3月《がつ》、アインシュタインは、70歳《さい》の誕生日《たんじょうび》をむかえました。

2度《ど》の大戦《たいせん》を経験《けいけん》した大科学者《だいかがくしゃ》は、すっかり年《とし》をとりました。

まえの年《とし》に、大手術《だいしゅじゅつ》をしたせいもあるのでしょう。

髪《かみ》はまっ白《しろ》になり、少《すこ》し背《せ》が曲《ま》がり、大《おお》きな鼻《はな》が目立《めだ》って、深《ふか》い知性《ちせい》をたたえた老人《ろうじん》らしくなっていました。

けれども、学問《がくもん》への情熱《じょうねつ》は、すこしもおとろえを見《み》せませんでした。

プリンストンの研究室《けんきゅうしつ》には毎日通《まいにちかよ》って、仲間《なかま》の教授《きょうじゅ》や学生《がくせい》たちと、研究《けんきゅう》をつづけていました。

人生《じんせい》がのこり少《すく》なくなったいま、平和《へいわ》への思《おも》いも、さらに強《つよ》くなっていました。

世界政府《せかいせいふ》をつくる希望《きぼう》も、あいかわらず、すてていませんでした。

そんなかれに、1952年《ねん》、イスラエルから2代目《だいめ》の大統領《だいとうりょう》になってくれるよう、申《もう》し出《で》がありました。ユダヤ人救済《じんきゅうさい》と、世界平和《せかいへいわ》のために努力《どりょく》したアインシュタインへの、感謝《かんしゃ》のあらわれでした。

博士《はかせ》は、たいへんよろこびましたが、この申《もう》し出《で》は辞退《じたい》しました。自分《じぶん》のように率直《そっちょく》な性格《せいかく》では、政治家《せいじか》はむりだ、と思《おも》ったからです。

体力《たいりょく》の低下《ていか》も、大《おお》きな理由《りゆう》でした。

実際《じっさい》、このころからアインシュタインは、散歩《さんぽ》に出《で》るのも、面倒《めんどう》になっていたのです。

偉大《いだい》な科学者《かがくしゃ》の人生《じんせい》は、刻一刻《こくいっこく》と終《お》わりに近《ちか》づきつつありました。

別《わか》れのコンサート

1955年《ねん》4月《がつ》13日《にち》。

アインシュタイン博士《はかせ》は、建国《けんこく》7周年《しゅうねん》をむかえたイスラエルの人《ひと》びとに、ラジオであいさつすることになっていました。

ところが、打《う》ちあわせのあと、急《きゅう》に心臓《しんぞう》が苦《くる》しくなって、たおれたのです。

博士《はかせ》は4月《がつ》15日《にち》に、プリンストン病院《びょういん》に入院《にゅういん》しました。

まわりの人《ひと》びとは手術《しゅじゅつ》をすすめましたが、

「もういいよ。自然《しぜん》にまかせて死《し》にたい。」

と、本人《ほんにん》は言《い》いました。

入院《にゅういん》して、すこし落《お》ちつくと、博士《はかせ》は家《いえ》に電話《でんわ》をかけ、秘書《ひしょ》のデュカス嬢《じょう》に、

「眼鏡《めがね》と紙《かみ》を持《も》ってきておくれ。」

とたのみました。

たとえベッドにねていても、研究《けんきゅう》はつづけるつもりなのです。

翌《よく》16日《にち》には、カリフォルニアの大学《だいがく》で教《おし》えている長男《ちょうなん》のハンス・アルバートが、とんできました。

アインシュタインは、ひさしぶりに会《あ》ったわが子《こ》と、おだやかに話《はな》しあいました。

17日《にち》も、静《しず》かにすぎていきました。

どうやら発作《ほっさ》もおさまっているようです。

かれは、静《しず》かに目《め》をとじました。

両親《りょうしん》、妹《いもうと》のマヤ、長女《ちょうじょ》のイルゼ。親友《しんゆう》のグロスマンとアドラー……。親《した》しい人《ひと》たちはみんな、あの世《よ》へ行《い》っています。

エルザ夫人《ふじん》についで、ミレーバ前夫人《ぜんふじん》も、亡《な》くなりました。

最後《さいご》まで文通《ぶんつう》をつづけていた、ミケーレ・ベッソーも、ついこのあいだ、この世《よ》を去《さ》ってしまいました。

(思《おも》えば、長《なが》い人生《じんせい》だったな。)

うとうとしながら、博士《はかせ》は思《おも》いました。

1879年《ねん》にドイツに生《う》まれ、イタリアからスイスへ。

特許局員《とっきょきょくいん》のとき、『特殊相対性理論《とくしゅそうたいせいりろん》』を発表《はっぴょう》しました。

『一般相対性理論《いっぱんそうたいせいりろん》』を発表《はっぴょう》し、光《ひかり》が重力《じゅうりょく》によって曲《ま》がることが、日食《にっしょく》で証明《しょうめい》されると、いちやく有名《ゆうめい》になりました。

世紀《せいき》の変《か》わり目《め》に立《た》ちあい、2度《ど》の大《おお》きな戦争《せんそう》も体験《たいけん》しました。

世界中《せかいじゅう》を回《まわ》り、さまざまな人《ひと》びとと出会《であ》いました。

山《やま》あり、谷《たに》ありの、76年《ねん》。

(でもまあ、いい一生《いっしょう》だった……。)

博士《はかせ》の顔《かお》に、ほほえみがうかびました。

心残《こころのこ》りは、ただひとつ。

研究《けんきゅう》のことでした。

もうすこし、時間《じかん》がゆるされれば、『統一場理論《とういつばりろん》』をより完全《かんぜん》なものにできるでしょう。

けれども、人間《にんげん》だれも、永遠《えいえん》の命《いのち》をのぞむことはできません。

(わたしの仕事《しごと》は終《お》わったのだ。あとは、のこった人《ひと》たちにまかせよう。)

そのとき、博士《はかせ》の動脈瘤《どうみゃくりゅう》が破裂《はれつ》しました。

1955年《ねん》4月《がつ》18日《にち》の深夜《しんや》1時《じ》すぎ。

アルバート・アインシュタインは、その偉大《いだい》な生涯《しょうがい》をとじました。

博士《はかせ》の遺言《ゆいごん》により、遺体《いたい》は火葬《かそう》され、友人《ゆうじん》たちが、その灰《はい》をまきました。

ただし、脳《のう》と目《め》はとりだされ、いまも保存《ほぞん》されています。

博士《はかせ》の死《し》は、世界《せかい》の人《ひと》びとに大《おお》きなショックをあたえました。

偉大《いだい》な学者《がくしゃ》や政治家《せいじか》、作家《さっか》たちが亡《な》くなることを、「巨星墜《きょせいお》つ」と言《い》います。「巨大《きょだい》な星《ほし》が落《お》ちた」という意味《いみ》です。

アインシュタインほど、この言《い》い方《かた》にふさわしい偉人《いじん》は、いなかったでしょう。

さまざまなマスコミが、博士《はかせ》の死《し》を大々的《だいだいてき》にとりあげました。

アメリカではアイゼンハワー大統領《だいとうりょう》をはじめ、トルーマン前大統領《ぜんだいとうりょう》、そして、プリンストン高等研究所《こうとうけんきゅうじょ》のオッペンハイマー所長《しょちょう》などが、つぎつぎに、悲《かな》しみのコメントを発表《はっぴょう》しました。

「世界《せかい》は、すぐれた科学者《かがくしゃ》であり、勇敢《ゆうかん》な精神《せいしん》の持《も》ち主《ぬし》であり、人間《にんげん》の権利《けんり》についてたたかう人《ひと》をうしないました。

そして、ユダヤ人《じん》たちは、その王冠《おうかん》のもっともかがやかしい宝石《ほうせき》のひとつをうしなったのです。」

イスラエルの前大統領《ぜんだいとうりょう》カイム・ワイズマンの未亡人《みぼうじん》ベラは、こうのべています。

1955年《ねん》12月《がつ》17日《にち》。プリンストンの町《まち》では、大学《だいがく》オーケストラによって、生前《せいぜん》のアインシュタイン博士《はかせ》をしのぶ別《わか》れのコンサートが開《ひら》かれました。演奏《えんそう》された曲目《きょくもく》は、モーツァルトのコンチェルト『戴冠式《たいかんしき》』、バッハの『カンタータ106番《ばん》』などでした。

アインシュタインは、時間《じかん》はのびちぢみする、空間《くうかん》はゆがめられる、光《ひかり》は曲《ま》げられるということを証明《しょうめい》しました。

$E=mc^2$《イーイコールエムシー》

この美《うつく》しい方程式《ほうていしき》で、人類《じんるい》の歴史《れきし》を大《おお》きくかえました。

そして、『一般相対性理論《いっぱんそうたいせいりろん》』で、宇宙《うちゅう》の研究《けんきゅう》を大《おお》きく前進《ぜんしん》させたのでした。

灰《はい》となって、宇宙《うちゅう》にかえったアインシュタイン博士《はかせ》は、いまも、わたしたちによびかけているのでしょう。

「みなさん、人類《じんるい》の平和《へいわ》と科学《かがく》の発展《はってん》のために、努力《どりょく》してください。たのみますよ。」

と。


（終《お》わり）

アインシュタインの年表《ねんぴょう》

年代《ねんだい》	年齢《ねんれい》	できごと	世《よ》の中《なか》の動《うご》き
1879（明治《めいじ》12）	0歳《さい》	3月《がつ》14日《か》、父《ちち》ヘルマン、母《はは》パウリーネの長男《ちょうなん》としてドイツのウルムに生《う》まれる。	エジソンが白熱電球《はくねつでんきゅう》を発明《はつめい》する。
1880（明治《めいじ》13）	1歳《さい》	一家《いっか》でミュンヘン（ドイツ）にうつる。	
1884（明治《めいじ》17）	5歳《さい》	父《ちち》からあたえられた方位磁石《ほういじしゃく》で、はじめて科学《かがく》に興味《きょうみ》をもつ。	
1885（明治《めいじ》18）	6歳《さい》	ミュンヘンの小学校《しょうがっこう》に入学《にゅうがく》する。バイオリンのレッスンをはじめる。	
1887（明治《めいじ》20）			マイケルソンとモーリーが、地球《ちきゅう》とエーテルとの相対運動《そうたいうんどう》に関《かん》する実験《じっけん》をする。
1888（明治《めいじ》21）	9歳《さい》	ミュンヘンのルイトポルト・ギムナジウムに入学《にゅうがく》する。一家《いっか》は、アルバートをミュンヘンにのこして	

1894（明治《めいじ》27）	15歳《さい》	イタリアへうつる。その後《ご》アルバートも休学《きゅうがく》して両親《りょうしん》のもとへ行《い》く。	
1895（明治《めいじ》28）	16歳《さい》	スイスの有名校《ゆうめいこう》、チューリヒ工科大学《こうかだいがく》の入学《にゅうがく》試験《しけん》を受《う》けるが不合格《ふごうかく》となる。スイスのアーラウにある学校《がっこう》に入学《にゅうがく》する。	レントゲンがX線《エックスせん》を発見《はっけん》する。
1896（明治《めいじ》29）	17歳《さい》	チューリヒ工科大学《こうかだいがく》に入学《にゅうがく》して、数学《すうがく》と物理《ぶつり》の勉強《べんきょう》をはじめる。	ノーベルが死《し》ぬ。
1898（明治《めいじ》31）			キュリー夫妻《ふさい》がラジウムを発見《はっけん》する。
1900（明治《めいじ》33）	21歳《さい》	チューリヒ工科大学《こうかだいがく》を卒業《そつぎょう》するが、就職先《しゅうしょくさき》がなく仕事《しごと》をさがす。	
1901（明治《めいじ》34）	22歳《さい》	スイス国籍《こくせき》を得《え》て代理教師《だいりきょうし》になる。最初《さいしょ》の論文《ろんぶん》を発表《はっぴょう》する。	ノーベル賞《しょう》が制定《せいてい》される。
1902（明治《めいじ》35）	23歳《さい》	ベルンの特許局《とっきょきょく》に就職《しゅうしょく》する。	
1903（明治《めいじ》36）	24歳《さい》	ミレーバと結婚《けっこん》する。	キュリー夫妻《ふさい》がノーベル物理学賞《ぶつりがくしょう》を受賞《じゅしょう》する。

1904（明治《めいじ》37）	25歳《さい》	長男《ちょうなん》ハンスが生《う》まれる。	日露戦争《にちろせんそう》がはじまる。
1905（明治《めいじ》38）	26歳《さい》	『光量子《こうりょうし》の理論《りろん》』『ブラウン運動《うんどう》の理論《りろん》』『特殊相対性理論《とくしゅそうたいせいりろん》』、追《お》って「$E = mc^2$《イーイコールエムシー》」に関《かん》する論文《ろんぶん》を発表《はっぴょう》する（物理《ぶつり》の世界《せかい》ではこの年《とし》を「奇跡《きせき》の年《とし》」とよぶ）。	
1909（明治《めいじ》42）	30歳《さい》	チューリヒ工科大学《こうかだいがく》の助教授《じょきょうじゅ》となる。	
1910（明治《めいじ》43）	31歳《さい》	次男《じなん》エドワルドが生《う》まれる。	ファーブルが『昆虫記《こんちゅうき》』第《だい》10巻《かん》を発表《はっぴょう》する。
1911（明治《めいじ》44）	32歳《さい》	チェコのプラハ大学《だいがく》の教授《きょうじゅ》になる。『一般相対性理論《いっぱんそうたいせいりろん》』の最初《さいしょ》の論文《ろんぶん》を発表《はっぴょう》する。「ソルベイ会議《かいぎ》」に出席《しゅっせき》する。	
1912（大正《たいしょう》1）	33歳《さい》	チューリヒ工科大学《こうかだいがく》の教授《きょうじゅ》となる。	
1913（大正《たいしょう》2）	34歳《さい》	「プロイセン・科学《かがく》アカデミー」会員《かいいん》にえらばれ、ドイツ国籍《こくせき》を得《え》る。	
1914（大正《たいしょう》3）			第一次世界大戦《だいいちじせかいたいせん》が始《はじ》まる（〜1918年《ねん》）。
1915（大正《たいしょう》4）	36歳《さい》	『一般相対性理論《いっぱんそうたいせいりろん》』を完成《かんせい》させる。	

1919（大正《たいしょう》8）	40歳《さい》	ミレーバと離婚《りこん》後《ご》、エルザと結婚《けっこん》する。南米《なんべい》ブラジルのソブラルでの皆既日食《かいきにっしょく》の観測結果《かんそくけっか》から、『一般相対性理論《いっぱんそうたいせいりろん》』が実証《じっしょう》される。	ヒットラーがナチスを結成《けっせい》する。
1921（大正《たいしょう》10）	42歳《さい》	アメリカ各地《かくち》で講演《こうえん》をする。	
1922（大正《たいしょう》11）	43歳《さい》	ノーベル物理学賞《ぶつりがくしょう》を受賞《じゅしょう》する。日本《にっぽん》で講演《こうえん》。	
1933（昭和《しょうわ》8）	54歳《さい》	ナチスの迫害《はくがい》により、アメリカにわたる。アメリカのプリンストン高等研究所《こうとうけんきゅうじょ》の教授《きょうじゅ》となり、夫妻《ふさい》はアメリカ永住《えいじゅう》を決意《けつい》（7年後《ねんご》にアメリカ国籍《こくせき》を得《え》る）。	ヒットラーがドイツの首相《しゅしょう》に就任《しゅうにん》。ユダヤ人排斥《じんはいせき》運動《うんどう》が始《はじ》まる。
1936（昭和《しょうわ》11）	57歳《さい》	妻《つま》エルザが死《し》ぬ。	
1939（昭和《しょうわ》14）	60歳《さい》	アメリカのルーズベルト大統領《だいとうりょう》に新型爆弾《しんがたばくだん》について手紙《てがみ》を書《か》く。	第二次世界大戦《だいにじせかいたいせん》が始《はじ》まる（～1945年《ねん》）。
1945（昭和《しょうわ》20）			日本《にっぽん》の広島《ひろしま》と長崎《ながさき》に原爆《げんばく》が落《お》とされる。
1952（昭和《しょうわ》27）	73歳《さい》	イスラエルの大統領就任要請《だいとうりょうしゅうにんようせい》をことわる。	
1955（昭和《しょうわ》30）	76歳《さい》	4月《がつ》18日《にち》、プリンストンで死《し》ぬ。	

解説《かいせつ》

老《ろう》巨《きょ》人《じん》のゆいごん

岡田《おかだ》好恵《よしえ》

アインシュタインの想像実験室《そうぞうじっけんしつ》

「普通《ふつう》の大人《おとな》はけっして、時空《じくう》の問題《もんだい》で、頭《あたま》をなやませたりはしません。そんなことは、小《ちい》さな子《こ》どものときに考《かんが》えてしまったことだと、思《おも》っているからでしょう。ところがわたしは、成長《せいちょう》があまりにもおそかったのです。

それで、大人《おとな》になっても、時間《じかん》と空間《くうかん》のことを不思議《ふしぎ》に思《おも》っていました。そして、普通《ふつう》の子《こ》どもならしないほど深《ふか》く、この問題《もんだい》をさぐることになったわけです。」

アインシュタイン博士《はかせ》は、最後《さいご》に書《か》いたといわれる原稿《げんこう》の中《なか》で、こうのべていいます。

博士《はかせ》は、だれもが知《し》っている自然《しぜん》の法則《ほうそく》を想像《そうぞう》の中《なか》で、特別《とくべつ》な状態《じょうたい》においてみるのが得意《とくい》でした。たとえば「光《ひかり》と同《おな》じスピードで動《うご》けたら、どんなものが見《み》えるだろう？」というように。

こういうやりかたは、仲間《なかま》の学者《がくしゃ》たちから親《した》しみをこめて『アインシュタインの想像《ぞう》（ゲダンケン）実験《じっけん》』とよばれました。「ゲダンケン」とは、ドイツ語《ご》で〝想像《そうぞう》〟を意味《いみ》します。中《なか》には、少《すこ》しねたましげに、

「かれは、一度《ど》だって自分《じぶん》で実験《じっけん》したことなんかないじゃないか。」

と言《い》う人《ひと》もいたそうです。

けれども、いくらりっぱな実験設備《じっけんせつび》があっても、高度《こうど》な科学《かがく》の知識《ちしき》があっても、やわらかな考《かんが》え方《かた》がなければ、なんにもなりません。

アインシュタイン博士《はかせ》のいちばんの才能《さいのう》はそのやわらかな考《かんが》え方《かた》だったのです。

「博士《はかせ》の偉大《いだい》さは、すばらしい想像力《そうぞうりょく》と、問題《もんだい》を追究《ついきゅう》していくときの、信《しん》じられない

ほどのねばり強《づよ》さです。」

プリンストン高等研究所《こうとうけんきゅうじょ》で助手《じょしゅ》をつとめた科学者《かがくしゃ》のインフェルトも、そうのべています。

100年《ねん》間《かん》の宿題《しゅくだい》

アインシュタイン博士《はかせ》は、1955年《ねん》、76歳《さい》で亡《な》くなりました。

そして、ちょうど50年後《ねんご》のことでした。

「特殊相対性理論《とくしゅそうたいせいりろん》」を発表《はっぴょう》してから、ちょうど50年後《ねんご》のことでした。

そして、2016年《ねん》2月《がつ》11日《にち》には、アメリカの実験観測施設《じっけんかんそくしせつ》LIGO《ライゴ》から、博士《はかせ》が100年《ねん》まえ、「一般相対性理論《いっぱんそうたいせいりろん》」で予言《よげん》した「重力波《じゅうりょくは》」を、はじめて検出《けんしゅつ》したという発表《はっぴょう》があったのです。

このニュースはすぐに世界中《せかいじゅう》の新聞《しんぶん》やテレビで紹介《しょうかい》され、インターネットにも流《なが》れ、

「アインシュタインの宿題《しゅくだい》が、100年目《ねんめ》に解《と》かれた！」と。世界中《せかいじゅう》が興奮《こうふん》にわきました。

波乱《はらん》に富《と》んだ一生《いっしょう》のあいだに、博士《はかせ》は「（特殊《とくしゅ》・一般《いっぱん》）相対性理論《そうたいせいりろん》」をはじめ、近代《きんだい》科学《かがく》の常識《じょうしき》を根本《こんぽん》からくつがえす偉大《いだい》な発見《はっけん》を、いくつも発表《はっぴょう》しました。

そのひとつが重力波《じゅうりょくは》の存在《そんざい》の予想《よそう》だったのです。

博士《はかせ》はおさないころから、さまざまな事情《じじょう》で、世界《せかい》を転々《てんてん》としなければなりませんでした。

けれども、おおらかさと科学《かがく》を愛《あい》する心《こころ》を支《ささ》えに、苦境《くきょう》を乗《の》りきりました。

受験《じゅけん》に失敗《しっぱい》しても、就職口《しゅうしょくぐち》がなくても、ナチスに祖国《そこく》を追《お》われたときでさえも、「ひとつでも多《おお》く、自然《しぜん》の法則《ほうそく》をみつけたい」という、子《こ》どものころからの望《のぞ》みをすてなかったのです。

そのいちずな気持《きも》ちと、謙虚《けんきょ》で、ユーモアあふれる性格《せいかく》は、行《ゆ》く先々《さきざき》で、多《おお》くの人《ひと》びとから愛《あい》されました。

とりわけ、50代《だい》から住《す》みはじめたアメリカのプリンストンの町《まち》では、たいへんな人気者《にんきもの》となりました。バイオリンの名手《めいしゅ》でもありました。

とはいえ、その晩年《ばんねん》には、人知《ひとし》れぬさびしさや苦労《くろう》を感《かん》じる日《ひ》も多《おお》かったようです。

愛《あい》する妻《つま》や妹《いもうと》や友《とも》が、つぎつぎ先《さき》になくなっていきます。しかも博士《はかせ》はけっして英語《えいご》が得意《とくい》ではありませんでした。

臨終《りんじゅう》のまぎわにつぶやいた一言《ひとこと》も、どうやらドイツ語《ご》だったらしく、アメリカ人《じん》の看護師《かんごし》さんには、理解《りかい》できなかったということです。

偉大《いだい》な博士《はかせ》が最後《さいご》に何《なに》をつたえたかったかは、いまも謎《なぞ》です。

神《かみ》はサイコロ遊《あそ》びをなさらない？

晩年《ばんねん》のアインシュタイン博士《はかせ》は「一般相対性理論《いっぱんそうたいせいりろん》」をさらに発展《はってん》させた「統一場理《とういつばり》

論《ろん》」の研究《けんきゅう》に、全力《ぜんりょく》をかたむけていました。

もし、完成《かんせい》すれば、それは重力《じゅうりょく》の場《ば》と電磁波《でんじは》の場《ば》を統一《とういつ》した、もうひとつの大《おお》きな自然《しぜん》の法則《ほうそく》の発見《はっけん》となるはずでした。

けれども「統一場理論《とういつばりろん》」には、ごく小《ちい》さなミクロの世界《せかい》をあつかう「量子論《りょうしろん》」の立《た》場《ば》から見《み》ると、どうしても合《あ》わないところが出《で》てくるのです。しかも皮肉《ひにく》なことに、「量子論《りょうしろん》」とは博士《はかせ》の「相対性理論《そうたいせいりろん》」をもとに発展《はってん》した物理学《ぶつりがく》の分野《ぶんや》でした。

「物《もの》は最小単位《さいしょうたんい》になると、かってなふるまいをするようになる。」と主張《しゅちょう》する「量子《りょうし》論《ろん》」の専門家《せんもんか》たちに、博士《はかせ》は「神《かみ》はサイコロ遊《あそ》びをなさらない。」と反論《はんろん》しました。

博士《はかせ》は、さまざまな分野《ぶんや》の学者《がくしゃ》たちの協力《きょうりょく》を得《え》て、「統一場理論《とういつばりろん》」の完成《かんせい》に努力《どりょく》しました。

日本《にっぽん》からも、数学《すうがく》の矢野健太郎《やのけんたろう》博士《はかせ》がまねかれて協力《きょうりょく》しましたが、けっきょく「統《とう》一場理論《いっぱりろん》」は、未完成《みかんせい》のままにおわってしまいました。

いっぽう、1970年代《ねんだい》からは、「相対性理論《そうたいせいりろん》」と「量子論《りょうしろん》」をふまえた新《あたら》しい宇《う》宙論《ちゅうろん》がさかんになってきました。

たとえばイギリスのホーキング博士《はかせ》は、「原始《げんし》ブラックホール」の存在《そんざい》を主張《しゅちょう》し、宇宙《うちゅう》の始《はじ》まりと終《お》わりについて、興味深《きょうみぶか》い研究《けんきゅう》を発表《はっぴょう》しつづけています。

いったい、どの人《ひと》のどの説《せつ》が正《ただ》しいのか？　それはまだ、まったくわかりません。自然科学《しぜんかがく》の証明《しょうめい》には、とても時間《じかん》がかかるからです。

21世紀《せいき》になったいま、科学《かがく》はどんどん進歩《しんぽ》しています。最新《さいしん》の機器《きき》が発明《はつめい》され、宇《う》宙探検《ちゅうたんけん》ロケットがつぎつぎ打《う》ちあげられ、宇宙《うちゅう》は日々《ひび》、身近《みぢか》になっています。

「がんばって、ひとつでも多《おお》くの真理《しんり》をみつけてください。」

アインシュタイン博士《はかせ》は、宇宙《うちゅう》のどこかで、わたしたちをはげましてくれているのでしょう。

「でも、行《い》きすぎないようにね。自然《しぜん》は偉大《いだい》ですよ。」と。

それこそ、老巨人《ろうきょじん》の言《い》いのこしたゆいごんかもしれない——わたしにはそう思《おも》えるのです。

本書《ほんしょ》は講談社《こうだんしゃ》火《ひ》の鳥《とり》伝記《でんき》文庫《ぶんこ》『アインシュタイン』（1998年《ねん》4月《がつ》15日《にち》初版《しょはん》）を底本《ていほん》に、新《あたら》しい資料《しりょう》に基《もと》づいて内容《ないよう》の改訂《かいてい》を行《おこな》い、一部《いちぶ》の文字《もじ》づかい、表現《ひょうげん》などを読《よ》みやすくあらためたものです。『解説《かいせつ》』は旧版《きゅうはん》のものに新《あたら》しい情報《じょうほう》をくわえて再録《さいろく》しました。

アインシュタインをめぐる歴《れき》史《し》人《じん》物《ぶつ》伝《でん》

アインシュタインとならぶ「知《ち》の巨人《きょじん》」

ニュートン

1642－1727年《ねん》

イギリスの物理学者《ぶつりがくしゃ》、数学者《すうがくしゃ》、天文学者《てんもんがくしゃ》。ケンブリッジ大学《だいがく》の学生時代《がくせいじだい》、伝染病《でんせんびょう》の流行《りゅうこう》で大学《だいがく》が休《やす》みになり、イギリス東部《とうぶ》の実家《じっか》に帰《かえ》っていたとき、リンゴが木《き》から落《お》ちるのを見《み》て「万有引力《ばんゆういんりょく》」を発見《はっけん》したというのは、有名《ゆうめい》な話《はなし》だ。自転《じてん》する地球《ちきゅう》から、わたしたちがふり落《お》とされないのは、引力《いんりょく》があるからで、惑星《わくせい》が太陽《たいよう》のまわりを回《まわ》っているのも同《おな》じ原理《げんり》だと説明《せつめい》した。

それだけでなく、人《ひと》びとが身《み》の回《まわ》りで起《お》こる現象《げんしょう》について、ほとんど知識《ちしき》をもたない時代《じだい》に、数多《かずおお》くの独創的《どくそうてき》な発見《はっけん》をした。「光《ひかり》のスペクトル分析《ぶんせき》」「微積分法《びせきぶんほう》」など、ほとんどはいまも学問《がくもん》として生《い》きつづけ、近代科学《きんだいかがく》の基礎《きそ》になっている。

アインシュタインも、独創的《どくそうてき》な発見《はっけん》で、学問《がくもん》の新《あたら》しい基礎《きそ》をきずいた。アインシュタインは、ニュートンの説《と》いた時間《じかん》と空間《くうかん》の常識《じょうしき》を、およそ240年《ねん》ぶりにくつがえしたが、ふたりとも不世出《ふせいしゅつ》の天才《てんさい》だ。

アインシュタインの長年《ながねん》の友人《ゆうじん》

キュリー夫人《ふじん》

1867－1934年《ねん》

フランスの化学者《かがくしゃ》、物理学者《ぶつりがくしゃ》。生《う》まれは現在《げんざい》のポーランドのワルシャワ。4歳《さい》で本《ほん》が読《よ》め、記憶力《きおくりょく》は抜群《ばつぐん》だったという。16歳《さい》で、ギムナジウムという中等教育学校《ちゅうとうきょういくがっこう》を優秀《ゆうしゅう》な成績《せいせき》で卒業《そつぎょう》したが、当時《とうじ》、女性《じょせい》はそれ以上進学《いじょうしんがく》できなかったため、家庭教師《かていきょうし》をしながら勉強《べんきょう》をつづけた。

23歳《さい》のとき、苦労《くろう》しながらソルボンヌ大学《だいがく》（現在《げんざい》のパリ大学《だいがく》）で、物理《ぶつり》、化学《かがく》、数学《すうがく》を学《まな》んだ。そして、フランス工業振興協会《こうぎょうしんこうきょうかい》の研究《けんきゅう》を行《おこな》うことで、収入《しゅうにゅう》を得《え》るようになる。その研究《けんきゅう》のための場所《ばしょ》をさがしていたときに、物理学者《ぶつりがくしゃ》のピエール・キュリーと出会《であ》い、やがてふたりは結婚《けっこん》した。

夫婦《ふうふ》は、アンリ・ベクレルという物理学者《ぶつりがくしゃ》が行《おこな》っていた放射線《ほうしゃせん》の研究《けんきゅう》を再開《さいかい》させ、ラジウムとポロニウムという放射性元素《ほうしゃせいげんそ》を発見《はっけん》した。この発見《はっけん》によって、1903年《ねん》、ふたりはノーベル物理学賞《ぶつりがくしょう》を受賞《じゅしょう》する。

1911年《ねん》、ソルベイ会議《かいぎ》でアインシュタインと知《し》りあった。キュリー夫人《ふじん》は、アインシュタインがチューリヒ工科大学《こうかだいがく》ではたらけるよう、推薦状《すいせんじょう》を書《か》いている。ふたりの友好関係《ゆうこうかんけい》は長年《ながねん》つづいた。

アインシュタインの
大学《だいがく》時代《じだい》の数学《すうがく》教授《きょうじゅ》

ミンコフスキー

1864-1909年《ねん》

ユダヤ系《けい》ドイツ人《じん》の数学者《すうがくしゃ》。いくつかの大学《だいがく》で教《おし》えたが、30代《だい》前半《ぜんはん》のころ、スイスのチューリヒ工科《こうか》大学《だいがく》で教《おし》えた。

当時《とうじ》学生《がくせい》だったアインシュタインは、かれの授業《じゅぎょう》に好意的《こういてき》ではなかった。しかし、「特殊《とくしゅ》相対性《そうたいせい》理論《りろん》」が発表《はっぴょう》された2年《ねん》後《ご》、ミンコフスキーは、「ミンコフスキー空間《くうかん》」とよばれる4次元《じげん》の空間《くうかん》を考《かんが》え、特殊《とくしゅ》相対《そうたい》性理論《せいりろん》の数学的《すうがくてき》な意味《いみ》を明《あき》らかにした。

アインシュタインの
親友《しんゆう》で研究《けんきゅう》仲間《なかま》

グロスマン

1878-1936年《ねん》

ハンガリーのブダペスト生《う》まれ。チューリヒ工科《こうか》大学《だいがく》時代《じだい》の同級生《どうきゅうせい》。グロスマンは大学《だいがく》にのこり数学者《すうがくしゃ》となった。

アインシュタインが母校《ぼこう》にもどると、グロスマンはかれに、一般《いっぱん》相対性《そうたいせい》理論《りろん》に必要《ひつよう》な数学《すうがく》を教《おし》え、ふたりの連名《れんめい》の論文《ろんぶん》では数学《すうがく》の部《ぶ》を担当《たんとう》する。アインシュタインが、一般《いっぱん》相対性《そうたいせい》理論《りろん》をきずくうえでの、重要《じゅうよう》なアドバイスを行《おこな》った人物《じんぶつ》である。

アインシュタインの貴重《きちょう》な講演《こうえん》を実現《じつげん》

西田《にしだ》幾多郎《きたろう》

1870-1945年《ねん》

石川県《いしかわけん》生《う》まれの哲学者《てつがくしゃ》。京都大学教授《きょうとだいがくきょうじゅ》。東洋《とうよう》の思想《しそう》と西洋《せいよう》の哲学《てつがく》をミックスさせた、独特《どくとく》の「西田哲学《にしだてつがく》」をきずきあげた。

山本実彦《やまもとさねひこ》（改造社社長《かいぞうしゃしゃちょう》）にアインシュタインのことを教《おし》え、相対性理論《そうたいせいりろん》にくわしい石原純《いしはらじゅん》を紹介《しょうかい》した。アインシュタインが来日《らいにち》したとき、京都大学《きょうとだいがく》での講演《こうえん》の内容《ないよう》を、「相対性理論《そうたいせいりろん》をいかにつくったか」にしてほしいとのぞみ、かれも承諾《しょうだく》した。

日本《にっぽん》に相対性理論《そうたいせいりろん》を最初《さいしょ》に紹介《しょうかい》した学者《がくしゃ》

石原《いしはら》　純《じゅん》

1881-1947年《ねん》

東京《とうきょう》生《う》まれの物理学者《ぶつりがくしゃ》、歌人《かじん》。31歳《さい》のとき、ドイツとスイスに留学《りゅうがく》。アインシュタインのもとで相対性理論《そうたいせいりろん》を学《まな》んだ。

アインシュタインが来日《らいにち》したときは、日本各地《にほんかくち》で行《おこな》われた講演《こうえん》に同行《どうこう》し、通訳《つうやく》をつとめた。講演《こうえん》の内容《ないよう》は、のちに『アインシュタイン教授講演録《きょうじゅこうえんろく》』という本《ほん》にまとめた。

後年《こうねん》は、科学《かがく》ジャーナリストとなり、子《こ》ども向《む》けの科学《かがく》の読《よ》みものも書《か》いている。

アインシュタインと平和《へいわ》を目指《めざ》した者《もの》たち

原子爆弾開発《げんしばくだんかいはつ》の
最高責任者《さいこうせきにんしゃ》
オッペンハイマー
1904-1967年《ねん》

ユダヤ系《けい》アメリカ人《じん》の物理学者《ぶつりがくしゃ》。子《こ》どものころからあらゆる教科《きょうか》で抜群《ばつぐん》の成績《せいせき》をあげ、名門《めいもん》ハーバード大学《だいがく》を最優秀《さいゆうしゅう》の成績《せいせき》で3年《ねん》で卒業《そつぎょう》した。その後《ご》、イギリスのケンブリッジ大学《だいがく》などで学《まな》び、32歳《さい》でアメリカの大学《だいがく》の教授《きょうじゅ》となった。

いち早《はや》くブラックホールの研究《けんきゅう》に手《て》をつけていたが、第二次世界大戦中《だいにじせかいたいせんちゅう》の1943年《ねん》、国《くに》の命令《めいれい》で、ロス-アラモス国立研究《こくりつけんきゅう》所《じょ》によばれた。当時《とうじ》、アメリカ政府《せいふ》は、ナチスより先《さき》に原子爆弾《げんしばくだん》を完成《かんせい》させなければいけないと考《かんが》えていた。オッペンハイマーは、原子爆弾開発計画《げんしばくだんかいはつけいかく》の責任者《せきにんしゃ》をつとめ、「$E = mc^2$」《イーイコールエムシー》をもとに、原子爆弾《げんしばくだん》をつくりあげた。よって、「原爆《げんばく》の父《ちち》」とよばれる。

原爆《げんばく》が実際《じっさい》に日本《にっぽん》に投下《とうか》されると、オッペンハイマーは自分《じぶん》のしたことを心《こころ》からくやんだ。戦後《せんご》は、原爆《げんばく》や水爆《すいばく》の開発《かいはつ》に反対《はんたい》の立場《たちば》をとりつづけ、アインシュタインらとともに、世界平和《せかいへいわ》をうったえた。

日本《にっぽん》で最初《さいしょ》のノーベル賞受賞者《しょうじゅしょうしゃ》

湯川秀樹《ゆかわひでき》

1907-1981年《ねん》

東京生《とうきょうう》まれの物理学者《ぶつりがくしゃ》。1歳《さい》のとき、一《いっ》家《か》で京都《きょうと》に引《ひ》っこした。学者《がくしゃ》の父《ちち》をもち、本《ほん》がたくさんある家《いえ》で、「自分《じぶん》がすきな学《がく》問《もん》を深《ふか》く学《まな》びなさい」と言《い》われて育《そだ》った。

物理学《ぶつりがく》に興味《きょうみ》をもつと、物質《ぶっしつ》のいちばん小《ち い》さい単位《たんい》について考《かんが》えるようになった。原子《げんし》や、原子《げんし》のもととなる原子核《げんしかく》と、そのまわりを回《まわ》る電子《でんし》が発見《はっけん》されたころだ。

京都帝国大学《きょうとていこくだいがく》を卒業《そつぎょう》して物理学者《ぶつりがくしゃ》になり、1935年《ねん》、原子核《げんしかく》の中《なか》には、陽子《ようし》と中性子《ちゅうせいし》をむすびつける未知《みち》の粒子《りゅうし》があると考《かんが》え、その存在《そんざい》を予言《よげん》した。それは「中間《ちゅうかん》子《し》」とよばれるようになった。

第二次世界大戦《だいにじせかいたいせん》をはさんで12年後《ねんご》、イギリスの学者《がくしゃ》が中間子《ちゅうかんし》を発見《はっけん》して、湯川《ゆかわ》の予《よ》言《げん》は証明《しょうめい》された。これを受《う》けて、1949年《ねん》、42歳《さい》のときに、日本人《にほんじん》としてはじめてのノーベル賞受賞者《しょうじゅしょうしゃ》となった。

その前《まえ》の年《とし》、湯川《ゆかわ》は、あこがれのアインシュタインのいるアメリカの研究所《けんきゅうじょ》にまねかれた。アインシュタインは湯川《ゆかわ》の研究室《けんきゅうしつ》をたずね、日本《にっぽん》への原爆投下《げんばくとうか》を、なみだを流《なが》しながらあやまった。その姿《すがた》に心《こころ》を打《う》たれ、核兵器《かくへいき》をなくすことをちかった。

著者紹介

岡田好惠　おかだ よしえ

青山学院大学仏文科卒。おもな著書に『ピカソ　型破りの天才画家』など。おもな訳書に「デルトラ・クエスト」「勇者ライと3つの扉」「スター・オブ・デルトラ」各シリーズ、『小公女セーラ』『岩くつ王』『三銃士』『みんなが知らない美女と野獣』『ウォルト・ディズニー伝記』『新訳ジャングル・ブック』、絵本「アンジェリーナ」シリーズ、『重力波で見える宇宙のはじまり』『灯台の光はなぜ遠くまで届くのか』など。

画家紹介（カバー絵、本文さし絵）

佐竹美保　さたけ みほ

画家。1957年富山県生まれ。SF、ファンタジーを中心に幅広く活躍。おもな作品に『魔女の宅急便』（その③～その⑥、角野栄子）、『虚空の旅人』『蒼路の旅人』（「旅人」シリーズ、上橋菜穂子）、「ハウルの動く城」シリーズ（ダイアナ・ウィン・ジョーンズ、訳＝西村醇子・市田泉）、『美女と野獣 七つの美しいお姫さま物語』（ボーモン夫人、訳＝巖谷國士 ほか）、『ヨーレのクマー』（宮部みゆき）、『白い花びら』（やえがしなおこ）などがある。

協力――――――――岡村《おかむら》 浩《ひろし》（工学院大学名誉教授）

人物伝執筆――――――八重野《やえの》充弘《みつひろ》

人物伝・説明イラスト――光安《みつやす》知子《ともこ》

口絵写真（肖像）――――Photoshot/アフロ

口絵写真（サイン）―――Getty Images

編集――――――――オフィス303

講談社 火の鳥伝記文庫　9

アインシュタイン（新装版《しんそうばん》）

岡田好恵《おかだよしえ》 文

1998年4月15日　第1刷発行
2016年10月7日　第33刷発行
2017年10月18日　新装版第1刷発行

発行者――鈴木　哲
発行所――株式会社 講談社
東京都文京区音羽2-12-21　郵便番号112-8001
電話　編集（03）5395-3536
販売（03）5395-3625
業務（03）5395-3615

ブックデザイン――祖父江 慎＋福島よし恵（コズフィッシュ）
印刷・製本――図書印刷株式会社
本文データ制作――講談社デジタル製作

N.D.C. 289　188p　18cm
Printed in Japan
ISBN978-4-06-149922-5

講談社《こうだんしゃ》 火《ひ》の鳥《とり》伝記《でんき》文庫《ぶんこ》 新装版《しんそうばん》によせて

火《ひ》の鳥《とり》は、世界中《せかいじゅう》の神話《しんわ》や伝説《でんせつ》に登場《とうじょう》する光《ひかり》の鳥《とり》です。灰《はい》のなかから何度《なんど》でもよみがえり、永遠《えいえん》の命《いのち》をもつといわれています。

伝記《でんき》に描《えが》かれている人々《ひとびと》は、人類《じんるい》や社会《しゃかい》の発展《はってん》に役立《やくだ》つすばらしい成果《せいか》を後世《こうせい》に残《のこ》した人々《ひとびと》です。みなさんにとっては、遠《とお》くまぶしい存在《そんざい》かもしれません。

しかし、かれらがかんたんに成功《せいこう》したのではないことは、この本《ほん》を読《よ》むとよくわかります。

一生懸命《いっしょうけんめい》取《と》り組《く》んでもうまくいかないとき、自分《じぶん》のしたいことがわからないとき、そして将来《しょうらい》のことを考《かんが》えるとき、みなさんを励《はげ》ましてくれるのは、先《さき》を歩《ある》いていった先輩《せんぱい》たちの努力《どりょく》するすがたや、失敗《しっぱい》の数々《かずかず》です。火《ひ》の鳥《とり》はかれらのなかにいて、くじけずチャレンジする力《ちから》となったのです。

伝記《でんき》のなかに生《い》きる人々《ひとびと》を親《した》しく感《かん》じるとき、みなさんの心《こころ》のなかに火《ひ》の鳥《とり》が羽《は》ばたいて将来《しょうらい》への希望《きぼう》を感《かん》じられることを願《ねが》い、この本《ほん》を贈《おく》ります。

２０１７年《ねん》10月《がつ》

講談社《こうだんしゃ》

アルバート・アインシュタイン